# 한 곡 쓰기의 기술

제프 트위디 창작 수업

제프 트위디(Wilco) 지음

# HOW TO WRITE ONE SONG

일러두기

– 본문 하단의 각주는 역자와 편집자가 달았습니다.

– 노래 제목은 〈 〉, 앨범 제목은 《 》로 표시했습니다.

희망에 찬 이 작은 책을 앞으로 탄생할 모든 노래들에 바치고 싶습니다. 여러분의 노래와 저의 노래 모두에게요. 아직 일어나지 않은 그 순간들은 우리가 예상치 못했던 가능성에 눈 뜨게 해줄 겁니다. 그 노래들은 마치 창문과도 같아서, 그것이 열려 있을 때 우리는 멀리 떠나갈 수 있을 테고 닫혀 있을 땐 유리창에 자신을 비춰 보며 스스로를 돌아볼 수 있겠지요.

미래에 도착할 그 노래들이 우리를 길이길이 구원해 주진 않을 겁니다. 하지만 계속해서 곡을 쓰고, 기다리고, 삶을 지켜보다 보면, 세월에 따라 노래들도 하나둘씩 우리 앞에 제 모습을 드러내겠지요. 툭하면 제 발로 파멸의 길을 걷고 싶어지게 하는 이 세계에서, 우리가 만드는 창의적인 노래와 활동은 그 하나하나가 자신을 망치지 않도록 하는 저항의 행위이기도 합니다.

우리가 아직 만들지 않은 노래들은 우리가 이미 부른 노래들보다 언제나 더 중요할 겁니다. 우리 삶으로 데려올 일 없는 노래들보다도 중요할 테고요. 저는 독자 여러분이 오늘, 내일, 그리고 그 후로도 매일 하나의 곡을 써보았으면 좋겠다는 작은 바람으로 이 책을 썼고, 부디 그 마음이 이 책으로 전달되기를 희망합니다. 창작의 편에 설지, 창작을 무너뜨리려는 힘에 굴복할지 결정하는 일은 우리의 몫입니다. 우리는 선택할 수 있어요.

# 왜
# 노래
# 한 곡일까?

노래는 신비롭습니다. 노래는 어떻게 탄생하는 걸까요? 저는 지금껏 수많은 노래를 만들었지만, 요즘도 만족할 만한 곡을 쓰고 나서 가장 많이 드는 생각은 '내가 이걸 어떻게 만들었지?'입니다. 우리가 무언가를 했는데 그걸 어떻게 했는지 정확히 모른다면, 그런데 그 일을 또다시 해야 한다면 그것은 참 혼란스런 일이겠지요.

저는 이것이 송라이팅songwriting에 그토록 많은 신비주의가 들러붙는 이유라고 생각합니다. 사람들이 작곡에 대해 이야기할 때 우리가 듣게 되는 말은 대략 이런 것들입니다. "나는 전달자일 뿐입니다." "우주가 내게 이 곡을 만들라고 했어요." 하지만 제가 확실히 말할 수 있는 건, 그일을 하는 주체는 결국 자기 자신이라는 사실입니다. 내의식과 내 무의식 간의 어떠한 협력이 결과물을 만들어내는 걸 텐데, 다만 작업이 진행되다 보면 그 둘 사이의 구분은 흐릿해지고 어느 쪽이 결과에 기여했는지 확신할 수 없게 됩니다.

이런 점에서 저는 송라이팅을 가르친다는 개념이 생각하는 법을 가르치는 것 혹은 아이디어 떠올리는 법을 가르치는 것과 비슷하다는 생각이 듭니다. 제가 보기에 노래란 그 어떤 예술 형식보다 개인적인 생각에 가까운 예술이거든요. 음악은 마치 공기와도 같은, 흘러가는 존재니까요. 노래는 시간을 통과합니다. 이곳에 있다가도, 어딘가로 가버리죠. 그러면서 휴대가 가능하고, 기억으로 오래 남을 수도 있습니다. 더욱이 노래는 별다른 이유 없이 우리의 머릿속에 퍼뜩 떠오르곤 합니다. 그림이나 책 같은 다른 예술 형식은 물리적 형태와 영속성을 갖고 있지만, 그런 예술 중에서 작품의 몇 토막을 쉽게 흥얼거릴 수 있는 경우는 많지 않지요.

추측건대, 우리 대부분은 노래가 사람에 의해 만들어지기보다 어떤 마법의 힘으로 탄생하는 측면이 더 크다고 생각하는 것 같습니다. 그러니 누군가에게 가르침을 받아 곡을 쓸 수 있다는 생각에 회의적인 것도 이해가 됩니다. 실제로 작곡 이론이나 전통적인 악곡 형태, 박자와 같은 송라이팅 '기술'에 적용되는 흔한 단계별 접근법은 구성적인 영역에 불과한 게 사실이지요. 그렇다면 누군가로 하여금 곡을 쓰고 싶게 만드는 그런 곡 쓰기는 어떻게 가르칠 수 있을까요? 내가 사랑에 빠질 수 있는 노래, 그리고 그만큼 나를 사랑해 줄 것 같은 노래, 그런 노래를 만드는 법을 가르칠 수 있을까요? 저는 잘 모르겠습니다.

다만 그런 어려움의 이유 중 일부는 노래'들', 즉 여러 개의 노래 만드는 법을 가르치려고 해서가 아닐까 싶습니다. 하지만 저는 곡 쓰기를 배우는 유일한 방법은, 자신에게 단 하나의 노래를 만들어보게끔 허락하는 법을 배우는 것이라고 생각합니다. 곡 하나를 스스로 써보는 법을 배우는 일에서 시작해야 한다는 것이죠.

저에게 '노래 한 곡one song'과 '노래들songs' 간의 차이는 그럴듯한 의미론적 말장난이 아니라 중요한 구별점입니다. 우리가 실제로 무슨 일을 하고 있는지에 대한 보다 정확한 잣대이고요. 그 누구도 (여러 개의) 노래들을 만들지는 못합니다. 하나의 곡을 만들고, 그러고 나서 다른 곡을 만들죠. 이 개념은 우리가 진정으로 원하는 게 무엇인지를 상기시켜 주기도 합니다. 제가 생각하는 '우리가 정녕 소망해야 하는 것'이란 바로 사라지는 일입니다. 여러분의 시간 개념이 증발하는 모습을 지켜보는 일, 그 무엇도 하려거나 되려고 '애쓰지 않는' 순간 속에서 적어도 한 번을 살아보는 일, 여러분이 있는 바로 그곳에서 시간을 보내는 일 말이지요.

어떤가요? 네, 바로 이겁니다. (여러 개의) 노래들로는 그 어떤 일도 일어나지 않아요. 하나의 곡을 만들어가는 과정에서 자기 자신을 잃게 되는 그 순간에만, 사건은 일어납니다.

# 차례

# 2부

# 3부

# 1부

# 1 우리가 창작을 하는 이유

## 되기보다 하기의 중요성

사실 저는 첫 노래를 만들기 훨씬 전부터 제가 '송라이터'라고 생각했습니다. 주변 친구들에게 "있잖아, 나는 송라이터야."라고 말하곤 했죠. "언젠가는 노래를 만들고 싶어."가 아니라 "응, 나는 송라이터야."라고 말이죠. 그것은 어리석은 생각이었습니다. 아마도 일곱 살쯤이었을 거고, 일종의 망상이었지요. 테드TED 강연을 보고 나서 가질 법한 자아실현의 착각을 자기만의 공상에 빠진 일곱 살짜리가 어찌하다 갖게 된 것이었습니다. 물론 효과가 전혀 없었던 것은 아닙니다. 제가 곡을 쓰기 시작하게 된 계기가 결국 위와 같은 경로로 자칭 송라이터가 되었기 때문이었으니까요. 더욱이 저는 점점 커가면서 "네가 만든 노래를 들어보고 싶어!"라는 얘기를 듣는 일이 왠지 시간문제일 것 같다는 상상을 하기 시작했습니다. 그래선지 제 바람이 순전한 허구로 드러나지 않았으면 하는 마음 또한 동기 부여가 되었던 것 같습니다.

여러분은 어떤가요? 노래를 만드는 사람이 되면 어떤 기분일지 상상해 본 적이 있나요? 저는 이 주제야말로 제가 전하고자 하는 이 책의 핵심 철학에 가까울뿐더러 송라이팅을 넘어 더 넓은 관점에서 이해해 볼 가치가 있다고 생각합니다. 진실을 말해볼까요? 안타깝게도 제 경우엔, 나이가 들수록 "너는 무엇이 되고 싶니?"라는 질문에 대한 대답을 자신 있게 말하기가 훨씬 더 어려워졌습니다. 시를 쓰고 노래를 만들고 음악을 연주하고 싶다는 생각은 항상 있었지만, 사람들에게 시인이나 송라이터나 아티스트가 되고 싶다고 이야기하는 일은 갈수록 어려워졌죠. 그리고 지금 저는 제가 무언가 거창한 존재로 불리는 게 적절하지 않다는 생각을 자주 합니다. 왜 이렇게 되었을까요? 제가 겸손한 척을 하는 걸까요? 그런 것 같지는 않습니다. 지금 의 제 자아는 스스로에 대한 약간의 과대평가 정도는 충분히 받아들일 만큼 견고한 상태로 보이거든요.

제가 느꼈던 단절감은 무언가를 '하는' 데서 큰 보람을 느끼기보다 무언가가 '되는' 일에 더 큰 초점을 둘 때 생겨나는 성질의 것 같습니다. 무언가가 되는 것은 무언가를 하는 것과는 다른 방식의 현실이니까요. 실제로 '송라이터' 에 대한 생각은 사람마다 다를 수밖에 없습니다. 우리는 저마다 다른 모습의 '송라이터'를 머릿속에 그릴 겁니다. 여러분이 그리는 송라이터는 어떤 모습인가요? 이를테면 그 사람은 베레모를 쓰고 있나요? 만일 그렇다면 여러분은 베레모를 씀으로써 작곡가가 될 수도 있겠군요. 다만 제가 상상하는 송라이터는 베레모를 쓰고 있지 않고 노래를 만들지 않을 때는 자신을 송라이터라고도 생각하지 않는 사람입니다.

바로 이 점이 제가 이 책에 '노래 한 곡'이라는 개념을 집어넣고자 했던 이유 중 하나입니다. 우리가 창조적인 활동을 할 때, 실제로 하나의 곡에 초점을 맞춰 작업을 할 때,

     **1 우리가 창작을 하는 이유**

그리고 그 행위가 자신을 잠시 사라지도록 해줄 때(이것은 우리가 앞에서 얘기한, 바람직하고도 훌륭한 창작의 상태겠지요), 그곳에는 여러분이 경쟁해야 할 그 누구의 이미지도 존재하지 않습니다. 여러분이 스스로에 대해 가진 이미지조차 이 순간에는 별 영향력을 발휘하지 못하죠.

## 영혼을 갉아먹는 일

자신이 하고 싶은 것에 몰두하기보다 무언가가 되기를 열망하는 것은 영혼을 갉아먹는 일입니다. 이는 어느 직업에서나 마찬가지입니다. '스타'가 되고 싶은가요? 그렇다면 너무 걱정하지 마세요. 그 목표는 실패할 테니까요. 설령 스타가 된다고 해도, 종국에는 실패할 겁니다. 왜냐하면 우리는 우리가 상상하는 모습 그대로가 될 수 없으니까요. 여러분이 하고 싶은 것은 무엇인가요? 사람들 앞에서 공연을 하고 싶나요? 할 수 있습니다. 더 많은 관객 앞에서 더 멋진 공연을 해보고 싶나요? 그것도 할 수 있습니다. 심지어 자기만의 특이한 페르소나를 창조해 새로운 음악을 실험해 볼 수도 있겠지요. 그리고 그렇게 '되는' 일이 여러분을 록스타로 만들어줄지도 모르고요. 하지만 저는 그런 타이틀이 창조 행위만큼 만족감을 줄 수 있을 거라고는 생각하지 않습니다. 식상하게 들릴지 모르지만, 우리는 명사보다 동사에 포커스를 맞춰야 합니다. 무엇이 되고 싶은지가 아니라 무엇을 하고 싶은지가 중요하다는 겁니다.

심플해져야 합니다. 여러분은 누군가에게 들리고 싶은 거니까요. 우리 모두가 그렇지요. 그러니 이 얘기는 결국, 하나 마나 한 말처럼 들릴 수 있지만, 여러분이 소리를 만들어내야 한다는 것 그 이상도 이하도 아닙니다. 저를 포함해 수많은 송라이터들이 밥 딜런Bob Dylan이 되기를 열망했습니다. 그것은 과욕일까요? 그렇기도 하고, 아니기도 합니다. 제가 정말로 밥 딜런이 되기를 원했는지 묻는다면, 그건 아니거든요. 저는 밥 딜런이 해낸 일을 하고 싶었던 것이고, 근본적인 차원에서 밥 딜런이 해낸 일을 제가 하지 못하게끔 방해하는 것은 전혀 없었습니다. 그렇다고 제가 그와 비슷한 수준으로 기타 연주와 노래를 할 수 있다거나 밥 딜런의 스타일로, 혹은 밥 딜런만큼 훌륭하게 곡을 쓸 줄 안다는 말은 아닙니다. 분명한 건, 제가 소리를 만들어낸다는 사실이지요. 제가 곡을 쓰고 노래를 부른다는 사실 말입니다. 최소한 저는 제 노래를 들을 수 있습니다. 만일

     **1 우리가 창작을 하는 이유**

여러분이 저와 비슷한 음악을 하고 싶다거나 저처럼 '되고' 싶다는 이유로 저를 찾아와 영감을 받고자 한다면… 물론 고마운 일이긴 하겠지만, 무엇보다 자신이 만든 노래를 직접 부르고 들어볼 때의 기분이 얼마나 좋은지 알게 된다면 여러분은 정말이지 깜짝 놀랄 것입니다.

## 한 곡으로 충분할까요?

우선 '열망'과 '성취'를 구분하는 제 기준에 대해 확실히 설명해 둘 필요가 있을 것 같습니다. 저에게 '열망'이란 가장 높은 목표, 즉 꿈을 위해 남겨둔 단어입니다. 무언가를 '열망한다'는 것은 손이 닿지 않거나 현실적으로 저 멀리 있는 무언가, 아마도 최종적인 목표가 될 만한 무언가를 조준하는 일로 느껴지거든요. 그러니까 그것은 우리의 작업물이 어떻게 인정받기를 바라느냐는 개념과 더 큰 관련이 있습니다. 한편 '성취'라는 것 또한 비슷한 의미를 가질 수는 있습니다만, 저는 '성취'가 더욱 명확하게 정의되는 것이자 달성 가능한 것이라 말하고 싶습니다.

열망은 멋진 거라고 생각합니다. 꿈은 크게 가져야 한다고도 생각하고요. 예상할 수 없는 일을 해내기란 어렵기에, 기회가 날 때마다 눈을 감고서 근사한 무언가를 머릿속에 그려보는 건 분명 의미 있는 일입니다. 하지만 지금 당장은, 여러분이 성취하고자 하는 것이 무엇인지 일단 살펴봅시다. 여러분은 하나의 온전한 작품을 만들고 싶은가요? 그렇다면 노래 한 곡으로 충분할까요? 한 곡만으로는 자신의 노래를 가진다는 것이 어떤 느낌인지 대충 아는 정도에만 그치지는 않을까요?

노래 한 곡이 중요한 이유는, 그 하나로 모든 연결이 가능해지기 대문입니다. 제가 보기에 '연결'이란 모든 열망의 형태 중에서 가장 높은 곳에 있는 것입니다. 그 어떤 노래나 예술 작품도 그 이상의 가치를 갖기란 매우 어려운 것 같거든요. 모든 창조 행위의 핵심에는 타인과, 우리 자신과, 신성한 존재와, 그리고 어쩌면 신과 연결되고자 하는 우리의 강렬한 욕구를 드러내는 충동이 깃들어 있습니다. 우리 모두는 혼자라는 감각을 떨쳐버리길 원합니다. 한 곡의 노래를 부르는 행위는 인간이 예술을 통해 얼마나 따뜻함을 얻고 싶어 하는지 가장 명확하게 보여주는 방식이기도 합니다.

여러분도 노래를 들으면서 그런 기분을 느껴보셨을 겁

　　　　　　　　　　**1 우리가 창작을 하는 이유**

니다. 그 따뜻함은 양방향으로 작용하지요. 우리는 우리가 택한 예술에서, 우리가 듣는 음악에서 그것을 찾으려고 합니다. 그러면 어떻게 해야 그런 온기를 머금은 음악을 만들 수 있을까요? 내가 만든 곡에서 그러한 연결이 일어나는지 어떻게 확신할 수 있을까요? 저는 그것이 가능하려면 우리 자신에서 출발해야 한다고 생각합니다. 또한 그렇게 자신과 연결되기 위해선 연습이나 습관을 통해 자기 생각과 감정에 귀 기울이는 노력이 필요하다고도 생각합니다.

저의 아버지는 돌아가시기 전 제게 이렇게 물으셨죠. "네가 지금 몇 살이지?" (아버지는 부모로서 세심한 편은 아니었습니다.) 저는 쉰 살이라고 답했고, 아버지는 말했습니다. "정말 좋은 나이구나. 내 인생을 통틀어 가장 생산적이었던 시기가 바로 마흔다섯에서 쉰다섯 사이였지." 그 얘길 듣고 저는 생각했습니다. '아버지는 어떤 면에서 생산적이었을까?' 아버지는 평생을 철도 회사에서 일하셨거든요. 철도 차량 기지에서 안전성과 생산성을 증진하는 일 혹은 철도 신호탑의 컴퓨터 작업을 맡으셨던 걸로 기억합니다. 아버지는 전자 장치에 관해 많은 지식과 경험을 갖고 계셨고, 당신의 직장 생활이 생산성을 확보하는 일과 관련이 있다고 보았습니다.

그런데 저는 그 후로 항상 의문이 들었습니다. 그때 아버지가 하신 이야기가 혹시 다른 의미는 아니었는지 하는 의문이 말이죠. 나이가 들며 친척이나 가족으로부터 유전적 특징을 발견하고 그 속에서 자신의 모습을 목격하는 것은 무척 흥미로운 일입니다. 아버지에게는 가끔히 앉아 시를 쓰고 싶은 욕망이 있었습니다. 가끔은 속상하거나 화가 나는 일이 있을 때 지하실로 내려가곤 하셨지요. 그곳에 앉아서 시를 쓰다가 반쯤 취한 채로 올라와서는 단순하고 운율이 지나치게 딱딱 들어맞는, 그렇다고 예술성이 전혀 없다고는 말하기 어려운 시를 읊곤 하셨습니다. 그 시들의 주제는 아버지가 몸담았던 철도 회사 '알톤 앤 서던 레일웨이Alton & Southern Railway'라든가 동네 사람의 죽음, 또는 당시에 아버지가 품고 있던 고민거리들이었죠.

저희 집에는 책이 많지 않았고, 당시 저는 우리가 어떤 가족인지어 대해 딱히 생각해 본 적도 없었습니다. 어쩌면 그때 저에겐 독서가 다소 젠체하는 행위로 느껴졌는지도 모르겠습니다. 아버지와 어머니는 모두 고등학교를 중퇴한 분이셨습니다. 하지만 두 분 다 정말 똑똑하셨죠. 정말

 **1 우리가 창작을 하는 이유**

로 현명하신 분들이었습니다. 어느 날엔가 아버지는 자기 안에 언어로 표현할 무언가가 있음을 깨달으셨던 것 같습니다. 운율이 동반될 때 의미와 소리가 비로소 빛을 발하는 그것을 말예요. '음… 시야. 시를 하나 써볼 수 있을 것 같은데.' 아마도 아버지는 이렇게 생각하며 직장에서 머릿속으로 시를 써 내려가지 않으셨을까요.

사실 제가 더 궁금한 것은, 아버지가 어떻게 시를 쓰기로 마음을 굳혔는지입니다. 제가 보기에 많은 사람들은 저마다 머릿속에서 시를 쓰지만 실제로 그것을 종이에 적거나 주변에 공개하기로 마음먹지는 않는 것 같거든요. 물론 늦은 저녁의 시 낭송은 맥주의 힘을 빌려 자신감을 끌어올리고 내면의 격려와 응원에 힘입어 하실 수 있었겠지만, 아버지가 시를 쓰기 위해 자리에 앉는 시각은 항상 퇴근 직후였습니다. 판사처럼 냉철한 정신으로, 술에 취하지 않고서, 순수한 영감의 파도에 올라탄 채로 아버지는 글을 쓰셨지요.

저는 더 많은 분들이 저의 아버지와 같은 시도를 해보았으면 좋겠고, 그런 일이 일어날 수 있도록 돕고 싶습니다. 자신이 만든 것을 세상에 꼭 공개하지 않아도 좋으니 자기만의 창의적인 순간들을 가져보라는 응원의 말과 함께요. 세상에는 이러한 창작 활동을 지지하고 응원하는 사람들이 아주 많이 필요합니다. 제가 생각하는 가장 근사한 일이란, 우리가 이른바 인생의 정거장에서 걸어 나와 자기만의 '예술 그 자체를 위한 예술'의 순간 속으로 들어가 그것을 만끽하는 것입니다. 여러분은 자기 인생의 최종 목표가 현실적으로 무엇이 되어야 할지 생각해 본 적이 있나요? 저는 우리 가슴속에서 무언가를 꺼내는 것 말고는 다른 야망 없이 그저 무언가를 창작해 내는 일, 바로 그것이야말로 모두가 실제로 겨냥할 수 있는 가장 온전한 목표라는 생각이 듭니다.

   **1 우리가 창작을 하는 이유**

# 2

# 영감을 부르는 마감

## 영감과 마감의 상관관계

저는 마감을 좋아하게 되었습니다. 모든 사람이 그렇지는 않지요. 제가 마감을 좋아하는 건, 예술은 결코 완결되지 않는다는 믿음 때문입니다. "예술은 절대 완료되지 않는다, 그저 흥미로운 장소에 유기될 뿐."이라는 격언처럼요. 조금 이르지만 저만의 특정 루틴에 대해 이야기해 볼까요?

현재 저는 스스로 마감을 정해두고 규칙적으로 곡을 쓰

는 생활을 유지하고 있습니다. 마감 시간(예컨더 마스터링 작업을 위해 앨범을 스튜디오로 전달해야 하는 시한)이 주어졌다는 것은, 신곡 작업을 멈추고 정규 앨범 작업에 매진하라는 '펜 내려놓기' 알림 벨이 울릴 것임을 의미합니다. 물론 우리는 지금 하나의 곡에 초점을 맞추고 있으므로 그 정도의 책임까지 필요한 것은 아닙니다만, 어쨌든 여러분도 작업을 시작하게끔 동기를 부여하는 것이 무엇인지 알 필요는 있을 겁니다. 곡 쓰는 법을 안다고 한들 발걸음을 떼기 위한 영감이나 동력이 없다면 별 소용이 없을 테니까요.

저는 이 교훈을 《Summerteeth》[1] 앨범을 작업하면서 스스로 터득했던 것 같습니다. 저와 멤버들은 앨범 녹음을 마치고 결과물에 만족스러워했습니다. 그런데 저희와 계약했던 레이블의 임원들은 그야말로 그들이 할 법한 가장 진부한 말을 제게 건네더군요. "싱글로 내세울 만한 곡이 없네요." 그들은 "더 좋은 트랙이 있어야 해요!"라며 다른 곡을 원했습니다. 그 일 이후로 제 앞에 펼쳐진 고민과 골칫거리에 대해선 생략하도록 하겠습니다. 그 당시 마음속

---

1  윌코의 세 번째 스튜디오 앨범. 1999년 3월에 발매되었다.

    **2  영감을 부르는 마감**

으로는 음반사에 보낸 모든 곡이 보석과도 같은 팝 넘버라고 생각했지만, 저는 "이봐요, 실은 그런 곡이 하나 있어요."라고 거짓말을 했지요. 몇 달간 녹음을 하면서 확실하게 히트할 곡을 하나 만들었는데 깜빡하고 전달하지 못했다는 말과 함께요. 물론 그런 곡은 없었습니다. 하지만 어쨌거나 모든 비용을 그들이 대고 있었고, 저는 LA로 날아가 그들에게 차트를 휩쓸 만한 팝송이란 어떤 건지 아는 척해 보는 것도 재미있겠다고 생각했습니다. 그렇게 레이블 사람들을 만나러 가는 비행기 안에서 저는 앨범의 첫 트랙 〈Can't Stand It〉의 대부분을 썼습니다.

노래를 만드는 데 있어 영감이 항상 첫 번째 요소인 건 아니라는 사실을 처음으로 확신한 순간이 바로 그때였습니다. 그때의 첫 번째 요소는 (외부로부터의) 요구였습니다. 그 작업 과정에서 저는 영감을 찾아낼 수 있었고, 저들의 돈으로 그런 교훈을 얻게 되어 흡족한 기분도 들었지요. 다만 그 곡은 차트에 오르지 못했습니다. 레이블 임원들이 아주 마음에 드는 곡이라며 '제대로 밀어주겠다'고 호언장담했음에도 말이죠.

그런 겁니다. 제가 "영감은 과대평가된 개념"이라고 말할 때, 그것은 떠오르는 영감이 필요 없다고 생각해서가 아니에요. 제가 진정으로 하고 싶은 말은, 그리고 제가 지금도 자주 되새기는 말은, 영감이 첫 번째 단계가 되는 일은 매우 드물다는 것입니다. 그게 그냥 갑자기 나타나 주기만 한다면야 아주 영광이겠지요. 하지만 그것은 신성한 무언가가 불쑥 나타날 거라는 믿음(우리가 영감에 대해 가진 선입견)보다는 여러분 자신의 손에 훨씬 더 많이 달려 있습니다. 대개의 경으, 영감이란 초대받아야 할 대상이거든요.

## 자아를 떠나 과정으로 뛰어들기

예술 작품의 도출을 목표로 하는 저에게 '과정process'이란 다음과 같은 것들을 모두 포괄합니다. 내가 개입할 수 있는 모든 행위, 내가 취할 수 있는 모든 단계, 그리고 내가 원하는 대로 사용할 수 있는 모든 도구. 또한 '과정'은 우리가 창작에 전념할 때 스스로를 잊게 해주는 일련의 왜곡과 착각을 지칭하는 (제가 아는) 유일한 단어이기도 합니다. 앞서 얘기한 것처럼 이는 제가 궁극적으로 바라는 창의적 상태, 즉 하나의 노래가 탄생할 수 있을 만큼 나 자신이 충분히 '사라질 수 있는' 상태라고 할 수 있습니다. '사라짐'의

　　　　　　　　　　　　　　**2  영김을 부르는 마감**

문인 셈이죠. 자신이 사라지는 경험은 단순히 창작에 도움이 되는 것을 넘어 본인이 하는 일을 지속적이게끔 해주는 가장 중요한 요소이기도 합니다.

저는 다른 송라이터들과 이 내용에 대해 이야기해 본 적이 있습니다. 그리고 그들 중 몇몇은 그렇게 '자신이 사라지는 순간'이 관객 앞에서 공연할 때 핵심적인 부분으로 활용될 수도 있음을 지적했습니다. 자기의 모든 행위를 검열하고 부족한 점을 숨기려는 욕망으로부터 벗어나려면 일단 자신감이 충만한 곳으로 가는 것이 중요하다는 얘기였죠. 실제로 무대에 올랐을 때를 떠올려보면, 저는 종종 다음과 같은 상태가 되곤 하더군요. 먼저 머릿속이 하얘졌다가… 행복해졌다가… 다시 머릿속이 하얘졌다가… 대단한 일을 해냈다는 생각이 퍼뜩 떠올랐다가… 다시 행복해졌다가… 그러다가 이 모든 광경을 바라보던 저의 자아가 소리칩니다. 와우, 너 지금 끝내주는데! 그러고는 지잉, 하며 기타 코드를 잘못 짚어버리는….

늘 이런 식이었습니다, 제 자아는. 자아가 있다는 건 그런 겁니다. 자아는 나를 성장시키기 위해 존재하니까요. 그리고 자아는 나를 지켜주지요. 나 자신이 똑똑하고 멋지다는 생각을 지켜주고, 내가 진지하게 받아들여질 가치가 있으며 조롱당할 이유가 전혀 없는 사람이라는 생각을 지켜줍니다. 또한 자아는 자신의 불안과 두려움을 감추고도 싶어 하는데, 바로 이 점이 우리가 창작이나 공연을 하려고 할 때 자아가 달갑지 않은 침입자로 느껴지는 이유입니다. 사람들과 정서적으로 연결되기를 바란다던, 다시 말해 우리의 결과물이 현실적인 것으로 느껴지려면 최소한 어느 정도는 인간다운 부족함이 드러날 필요도 있으니까요.

제가 '과정'에 순응하는 것, 창작을 위한 올바른 마음가짐을 갖고자 의도적인 착각을 주기적으로 활용하는 것은 바로 이것 때문입니다. (이 얘기는 뒤에서 좀 더 자세히 하게 될 겁니다.) 이렇게 함으로써 우리는 더 쉽게 진실해질 수 있고, 감각할 수 있게 되며, 자아로부터 벗어날 수 있게 되지요. 그리고 자아에서 벗어날 때 우리는 마치 스스로가 다른 사람이 된 것처럼 보다 객관적으로 자기 목소리에 귀 기울일 수 있게 됩니다. 그러니 과정에 자신을 맡기고 잠시 사라지는 일에 익숙해진다면, 그 순간부터 여러분은 자기뿐 아니라 자신이 표현하고자 하는 바에 대해 좀처럼 찾기 어려웠던 진실을 발견하게 될지도 모릅니다.

　　　　　　　　　　　　**2 영감을 부르는 마감**

혹여나 자아에 대해서는 걱정하지 마세요. 잠시 뒷전으로 물러나 있는 건 괜찮을 테니까요. 장담컨대, 자아는 금방 돌아올 겁니다. 자신이 사라지는 법을 배우는 일이야말로 자신을 포함한 모두에게 나의 진정한 모습을 보여줄 수 있는 가장 좋은 방법이라는 것이 마침내 제가 찾은 교훈이었습니다.

### 탁자 말고 나무를 만드는 일

'영감'이라고 불리는 것에 대해 좀 더 이야기해 볼까요? 영감은 과대평가되었습니다. 이 점을 확실히 해둘게요. 여기까지 읽었다면 잘 아시겠지만, 저는 영감이라는 것이 (저절로 찾아오는 게 아니라) 불러와야 하는 대상이라고 생각합니다. 아티스트로 살면서 제가 발견한 한 가지 사실이 있습니다. 저처럼 예술 분야에서 만족하며 살아가는 사람들 대부분은 매일 작업을 하고 있고 창작의 도구를 항상 손에 쥐고 있다는 것이지요. 그 아티스트들은 단지 영감을 불러오기만 하는 것이 아닙니다. 그들은 스스로 정해놓은 규칙에 따라 일을 합니다. 영감이 '찾아와 주기를' 기다리기보다는, 영감이 지나다닐 만한 길목에 자신을 끌어다 놓는

식이죠. 기타를 집어 들면 노래를 만들 가능성이 훨씬 높아집니다. 연필을 집어 들면 어떻게 될까요?

저는 이러한 방식에 의심의 여지가 없습니다. 저 역시 기타나 연필, 컴퓨터와 같은 영감의 도구들을 항상 곁에 두고서 그처럼 계획적이고 체계적인 방식으로 많은 일을 합니다. 저는 늘 스스로가 이렇게 조금씩 작업을 해나가도록 잠재의식을 길들여 왔어요. 그렇게 일찌감치 연습을 통해 저만의 루트를 비우고, 다듬고, 개방적이며 수용적으로 만들어왔습니다.

그렇다면 이 단계를 넘어 작업이 시작되고 나서부터는 어디까지가 영감이고 어디부터가 기술일까요? 우선 노래를 제작하는 기술자로서 저는 이 문제를 마치 탁자를 제작할 때와 같이 바라봐도 좋겠다고 생각합니다. 그렇게 본다면 저에게는 새로운 곡의 탄생을 확실히 보장해 줄 표준화된 프로세스가 있다고도 말할 수 있겠네요. 신곡을 원활히 공급해 주는 수송 관로가 있는 것처럼 말이죠. 다만 저에게는 창작을 하는 이유가 탁자 만들기에 있다고 생각하지 않는 일 또한 중요한 것 같습니다. 저는 탁자가 아닌 나무를 만들고 싶거든요. 나무를 만들고자 하는 건 제 마음속에 더 높은 목표가 있기 때문이고요. 물론 완벽한 나무를 만들기란 사실상 불가능하다는 걸 잘 알고 있습니다. 완벽한 나무란 있을 수 없다는 사실을요. 그러니 완벽한 나무를 만들었다는 결론에도 절대 도달할 수 없을 테지요.

어떤가요? 이런 식으로까지 생각하는 게 너무 과하다고 느껴질지도 모르겠습니다. 어쩌면 자신을 신의 수준에 올려놓는 것과 비슷하니까요. 그러나 또 다른 측면에서 보면, 이런 관점은 여러분을 자유롭게 해줍니다. 나무는 거의 모든 것이 될 수 있지요. 나무는 애초에 나 자신이었고, 내가 곧 나무니까요. 저는 지금껏 그 어떤 틀에도 딱 들어맞았던 적이 없습니다. 저라는 존재는 어떤 특정한 계획에 의해 만들어진 존재가 아닙니다. 제 인생에서 일어난 수많은 사건들이 저라는 원목의 여러 면을 다듬었고, 그렇게 저를 하나의 나무로 빚어놓은 것뿐이죠. 더더욱 예상하기 어렵고 이해하기 어려운 모양의 나무로 말입니다.

## 시작을 위한 시간

저는 사람들이 자신의 인생에서 창작에 전념할 자유를 보다 많이 가질 수 있기를 진심으로 바랍니다. 모두가 그렇게 되었으면 정말 좋겠습니다. 하지만 시간이라는 문제가 항상 우리를 방해합니다. 사람들은 저를 보며 제가 무척 열심히 작업에 임한다고 생각하지만, 그건 아마도 록 뮤지션에 대한 고정관념 때문일 겁니다. 저 같은 음악인이 보통의 근무 시간에 맞춰 일을 한다는 게 이례적으로 보이는 것이죠.

그러나 자기만의 창작 활동을 위해 시간을 따로 빼두는 것은 누구나 매일 할 수 있는 일입니다. (특히나 사람들이 평소에 휴대폰을 들여다보는 데 얼마나 많은 시간을 보내는지 보면 더욱 그렇지요.) 그리고 이러한 접근 방식은 육아나 일에, 혹은 삶의 중요한 다른 것들에 정신없을 정도로 수많은 책무를 떠안은 사람들에게도 유용한 제안일 겁니다. 우리에게 필요한 건 아주 많은 시간이 아니에요. 단 5분만 시간을 낼 수 있어도 괜찮습니다. 자신의 창작물이 무엇이든 이 정도면 잘했다고 스스로에게 말해주는 것이 이 단계에선 가장 중요하니까요.

  

# 3 나를 방해하는 나

송라이터가 되면 예전보다 더 어려운 물음에 답해야 하고 불편한 말들에도 대응할 줄 알아야 합니다. 인터넷에 대한 이야기를 벌써부터 하려는 건 아니에요. 그보다는 우리 내부에서 들려오는 것들에 대한 이야기입니다. 무엇보다 여러분은 매일같이 샘솟는 의혹과 불안이 야기할 무자비한 심문에 응수해야 할 겁니다. "네가 뭐라고 생각하는데?" "이런 쓰레기 같은 걸로 뭘 하자는 거야?" 스스로를 무너뜨리려는 자기 안의 모든 목소리에 대해서 말이죠.

자기 안에서 이루어지는 패배주의적 대화의 몇 가지 전형적인 수사에 대응하는 방법을 알아봅시다. 저는 우리의 꿈이 이루어지지 않는 건 재능이나 열망이 부족해서라기보다 허락이 부재하기 때문이라고 믿는 편입니다. 여기서의 '허락'이란 자신의 꿈을 추구하도록 스스로에게 허락하는 일을 의미하지요. 아래는 우리가 각자의 입맛에 맞게 자기 앞에 가져다놓는 큰 방해물들의 몇 가지 예시입니다.

**"시간이 없어요."**

무슨 얘기인지 압니다. 해야 할 일을 할 시간도 부족한데 노래 만들 시간이 있겠느냐는 얘기죠. 창의적인 활동을 추구하는 사람이라면 누구에게나 이 문제가 방해물로 다가올 겁니다. 그게 현실이지요. 하루에 사용할 수 있는 시간은 한정되어 있고요. 그렇지만 이 하나만큼은 분명히 말해둬야겠습니다.

자신이 선택을 내리는 중이라는 걸 알지 못할 때에는 그 누구도 좋은 선택을 내릴 수 없습니다. 우선 여러분이 지금 시간을 어떻게 보내고 있는지 살펴볼까요? 우리는 대체로 자신이 진정으로 하고 싶은 일을 하는 데 여가를 쓰는 편이라고 저는 생각합니다. 그러니 만일 여러분이 시간의 여유가 있을 때 노래를 만들지 않고 다른 일을 하고 있다면, 그것은 여러분이 노래를 만들고 싶은 생각이 별로 없다는 의미로 볼 수 있습니다. "노력으로 이겨내 보세요." 라든가 "열심히만 하면 세상에서 가장 훌륭한 작곡가가 될 수 있어요."와 같은 얘기는 헛소리입니다. 저는 그런 말들을 믿지 않아요. 여러분이 정말로 곡을 쓰고 싶다면, 더 잘해내기 위한 어느 정도의 시간은 확보해 낼 수 있을 겁니다. 그리고 그렇게 해서 더 잘하게 된다면, 노래를 만드는데 더 많은 시간을 쓰고 싶다는 생각이 더 자주 들 테고요.

결국에는 선택의 문제입니다. 여러분이 45분 동안 휴대폰 게임을 하거나 유튜브라는 토끼굴 속으로 뛰어든 것이 본인의 선택이었다는 사실을 깨닫는다면, 그러고 나서는 기타를 치거나 마음에 드는 코드 진행을 찾아가며 시간을 보내기로 선택할 수도 있다는 것이죠. 아니면 자유롭게 45분짜리 프리라이팅freewriting을 해볼 수도 있겠고요. 솔직히 그렇게 많은 시간도 필요 없습니다. 5분은 어떤가요? 3분은요? 3분이면 노래 한 곡 정도의 시간이겠군요. 3분이라는 시간에 관해선 뒤에서 좀 더 자세히 다루겠지만, 일단 지금은 기타를 집어 들고 3분간 뭔가를 해보기로 하지요. 준비됐나요? 시작하세요. 자, 3분이 지났고 어떤 의미에서 든 여러분은 노래를 만든 것입니다.

　제가 여러분께 전하고 싶은 사랑은 편안한 사랑이 아니라 가혹한 사랑입니다. 그러니 직설적으로 이야기하겠습니다. 만약 본인이 노래를 만들고 싶으면서도 그 즐겁고 근사한 작업에 들일 시간이 생기지 않는다고 생각한다면, 그건 노래를 만드는 사람이 되고 싶어 하는 생각만 있을 뿐 실은 자신에게 더 중요한 다른 무언가가 있다는 뜻일 겁니다. 제 생각입니다만, 세상에는 본인이 어떤 특정한 존재라는 생각 자체를 열렬히 좋아하는 사람이 있는 것 같습니다. 자기가 송라이터나 작가, 운동선수라는 사실 그 자체를 사랑하는 사람 말예요. 그런 경향의 사람들은 그와 같은 자의식을 유지하고자 실제로는 즐거움을 느끼지도 않는 일을 하면서 스스로를 괴롭힐지도 모릅니다. 하지만 저는 그러한 사고방식을 잘 이해하지 못하는 편이기에 여기서 그에 대한 이야기를 자세히 하지는 못할 것 같습니다. 다만 이렇게 마무리해 보겠습니다. 저는 노래 만드는 일을 정말 좋아합니다. 여러분이 이 책을 집어 들었다면,

　　　　　　　　　　　　　　　**3 나를 방해하는 나**

그것은 제가 왜 노래 만드는 일을 좋아하는지 알고 싶었기 때문이라고도 생각합니다.

**"노래를 만들 줄 모르고,**

**만들더라도 좋은 노래는 못 만들 것 같아요."**

둘 다 사실이 아닙니다. 노래를 만들 줄 모른다고요? 시도해 본 적도 없는데 만들 수 있는지 없는지를 어떻게 알죠? 그래요, 엄밀히 따지면 만들 줄 모른다는 말이 맞을지도 모릅니다. 하지만 분명한 건, 할 줄 모른다는 말은 해보지도 않으려는 궁색한 변명이라는 겁니다. 그리고 또 하나, 제 경험상 수백 곡을 만든 뒤에도 그런 의문스러운 기분은 말끔히 사라지지 않는다는 것입니다. 제가 인생에서 창의적인 행위를 멈추지 않고 계속해 나가야 한다고 강하게 주장하는 이유가 바로 이것입니다. 하나의 곡이 어떻게 완성되는지 정확히 알지 못한다는 사실은 신비로운 감정을 불러일으키고, 그로 인해 저는 늘 만족스럽고도 경이로운 기분에 휩싸이곤 합니다.

노래 만들기를 시작하는 가장 정확한 방법이란 없습니다. 이케아 가구를 조립하는 게 아니니까요. 우선은 제대로 된 길 위에서 출발하는 것이 좋겠지요. 그러니 벌써부터 어떻게 노태를 만들지에 대해 너무 걱정하지는 마세요. 저는 이 책에서 여러분이 자기만의 특별한 창작법을 찾을 수 있도록 이런저런 지침을 제공할 예정입니다.

혹시 여러분은 본인이 관습적인 의미에서의 '좋은 노래'는 만들지 못할 거라고 생각하나요? 좋습니다. 그 역시 엄밀히 따지면 맞을지도 모릅니다. 하지만 '좋은' 곡이란 뭘까요? 생각해 보면 조금 이상하지 않나요? 우리는 삶의 많은 것들을 좋은지 나쁜지 따져가며 즐기지는 않잖아요. 원반던지기를 하 본 적이 있나요? 해봤다면, 자신이 원반던지기에 소질이 없다는 걸 알았다고 해서 바로 그만둬야겠다는 생각이 들던가요?

이 문제에 관해선 저를 믿어보시기 바랍니다. '못 만든' 노래가 여러분의 이력에 영원한 오점으로 남지는 않을 겁니다. 물론 하나의 노래가 지독한 치욕으로 남아 세상의 눈길을 끌었던 사례들이 떠오를 순 있겠지요. 가령 리베카 블랙Rebecca Black의 〈Friday〉[1]처럼 말예요. 하지만 저는 그 노래를 '만들었다'는 사실 자체가 영구적인 오점으로 남은 건 아니라는 점을 지적하고 싶습니다. 그 곡이 그런 불명

예를 얻은 것은 너무 많이 홍보되고 퍼져 나갔기 때문이었습니다.

확실히 말할 수 있는 건, 저는 여러분보다 실력이 부족한 사람들이 만든 음반들을 갖고 있다는 사실이며 제가 그 앨범들을 좋아한다는 사실입니다. (아마추어 작곡가들의 컬렉션이라든가 초창기 인더스트리얼 노이즈 음악을 담은 카세트 같은 것들이 그렇습니다.) 우리에게 노래로 느껴지기만 한다면 거의 모든 것이 노래가 될 수 있습니다. 또한 거의 모든 것이 음반도 될 수 있지만, 이건 조금 다른 주제이니 넘어가도록 합시다.

노래를 만드는 사람들 모두가 처음부터 순조롭게 시작했을까요? 그들의 노래가 처음부터 좋았을까요? 절대 그렇지 않습니다. 좋은 음악을 만들려면, 안 좋은 음악을 만들어봐야 합니다. 500곡을 만들어봤다고 해도 다를 것이 없어요. 안 좋은 음악을 만들어보라는 것은 제가 여러분에게 드릴 수 있는 가장 중요한 조언입니다. 노래를 만들다

---

1 미국 가수 리베카 블랙이 2011년에 발표한 데뷔 싱글로, 유치한 노랫말과 단조로운 곡조 등 어설픈 만듦새로 여러 매체로부터 '역대 최악의 팝 음악'이라는 평가를 받았다. 하지만 리베카 블랙은 음악 활동을 꾸준히 이어갔고, 근래에는 〈Friday〉의 리믹스 버전을 선보이며 많은 지지와 응원을 받기도 했다.

보면 실패가 괜찮은 일이라는 걸 알게 됩니다. 그리고 무엇보다 실패하는 일이 나에게 좋은 일이라는 사실과, 실패라는 선물을 감사히 여기게 될 거라는 사실을 깨닫게 되지요. 실패는 고통일 수 있지만, 적어도 우리가 정신적으로 온전한 상태에 있는 한 낭비해서는 안 될 고통이기도 합니다.

실패의 경험은 우리 인생의 다양한 영역에서 맞닥뜨리는 거절에 대처하는 일에도 도움이 됩니다. 윌코의 앨범 《Yankee Hotel Foxtrot》을 워너 브라더스 측에 전달했을 때 그쪽 임원들이 보인 반응은 잘 알려져 있습니다. 저희는 믹싱이 끝난 곡들을 보냈고, 그들은 모든 곡이 마음에 들지 않는다며 지난 앨범보다 못하다고 말했습니다. 결국 그들은 계약을 해지했고, 이후 저희는 워너 브라더스 소속의 다른 레이블과 계약해 앨범을 냈습니다. 맞아요, 이제는 유명한 이야기가 됐죠. 그러나 이 에피소드와 관련해 제가 여태껏 한 번도 말하지 않은 것이 있습니다. 그것은 바로 아티스트에게 닥칠 수 있는 최악의 시나리오, 즉 면전에서 "당신 음악은 정말 별로야!"라는 말을 들은 그 상황을 이겨냈다는 걸 깨달았을 때 제가 느낀 해방감입니다.

그건 정말이지, 놀라운 선물이었습니다. 저희 앨범은 그

렇게 형편없는 상태에서 시작해 점점 좋아져 갔고, 종국에
는 제가 정말로 만족할 만한 결과물이 되었습니다. 그리고
제 마음에 쏙 든 그 최종 버전의 앨범은, 앞서 지나온 그 모
든 과정을 겪지 않았다면 상상조차 할 수 없을 작품처럼
들렸습니다. 그것은 워너 브라더스의 임원들이 표명한 감
상과는 완전히 정반대의 경험이었죠.

그렇다면 누가 옳았을까요? 그건 별로 중요하지 않았습
니다. 우리는 모두 머리로는 예술이 주관적이라는 것을 알
지만, 우리의 감정이 상처를 받으면 그런 생각은 대개 도
움이 되질 않습니다. 그 임원들에게 《Yankee Hotel Fox-
trot》이 별로라는 얘기를 들은 뒤 제가 다시 그 앨범을 들
었을 때가 생각납니다. 실은 듣기가 좀 두려웠어요. 그 앨
범을 둘러싼 독설과 논란 그리고 상처받은 감정들이 어떤
식으로든 작품을 망친 게 아닐까 하는 생각이 들었거든요.
하지만 듣고 나서도 앨범에는 아무 일도 일어나지 않았습
니다. 저에게도요. 오히려 저는 그 앨범이 지금과 같은 모
습으로 바뀌어 천만다행이라는 생각이 들었습니다. 그리
고 그 앨범을 재차 들으면서 예전에 써두었던 새 곡들을
듣기 시작했고, 밴드가 지금껏 달려온 것과는 다른 방향으

로 나아갈 수 있다는 생각이 들자 흥분되기 시작했습니다.
그렇게 다음 날에도, 다다음 날에도, 아침에 일어나 우리
가 만들어낸 작품에 푹 빠져 있는 스스로를 발견했을 때
저는 이런 결론을 내릴 수 있었습니다. 내가 내 곡을 다시
들을 수 있고 사랑할 수 있다면, 그리고 나의 다음 곡을 기
대해 볼 수 있다면, 그 누구의 평가도, 그들의 평가나 나 자
신의 평가조차도 결코 오랜 시간 나를 힘들게 하지는 못할
거라고요.

**"무슨 이야기를 해야 할지 모르겠어요."**

이것은 제가 평소에 많이 하는 생각인 만큼 고민도 많이
해본 주제입니다. 저는 이 주제를 매우 진지하게 여기는
편인데, 여기에는 사람들의 깊은 우려가 투영되어 있기 때
문입니다. 여러분의 관심사는 무엇인가요? 친구들과는 무
슨 이야기를 나누나요? 우리가 평소에 관심을 가지는 모
든 것은 가사를 쓰기에 충분히 좋은 주제라고 생각합니다.
다만 이 책의 핵심 주제를 상기해 볼까요? 그것은 무에서
유를 만들어내는 부분이 중요하다는 것입니다. 제가 그랬
듯이, 여러분은 무엇에 대해 쓸지 크게 신경 쓰지 않고 곡

     

쓰는 법을 배우는 편이 종종 더 낫다는 사실을 발견하게 될 겁니다. 그 과정에서 여러분은 평소 자신이 무엇에 관심이 있는지 알게 될 테고요.

윌코의 〈Jesus, Etc.〉는 그 곡의 라이브 무대를 하기 전까지는 제게 그다지 특별한 노래가 아니었습니다. 하지만 그 노래가 제 주변의 독실한 기독교인들과 화합하길 바라는 마음을 진솔하게 전달하는 데 성공했음을 알고 나서부터는 비로소 특별해졌지요. 그런 점에서 제가 권하고 싶은 것은 프리라이팅입니다. 아무 생각 없이 글을 써보는 거죠. 말도 안 되는 내용도 있겠지만, 분명 놀랄 만한 결과물이 탄생할 겁니다.

어쩌면 여러분은 어디선가 들어본 듯한 가사를 쓰게 될지도 모릅니다. 하지만 그렇다고 해도 새로운 표현법을 찾은 것 같다는 기분은 들 거예요. 자기만의 목소리를 찾는 방법에 관해선 뒤에서 좀 더 이야기해 볼 테니, 지금은 여러분이 쓴 가사를 부를 때 느끼는 감정에 주목해 보기를 바랍니다. 가사를 쓴 뒤 왠지 모르게 불편하다거나 혹은 조금 당혹스럽기까지 하다면, 여러분은 잘하고 있는 겁니다. 그것은 모든 창작자가 자신에게서 발견하게 되는 딜레

마거든요. 누구나 할 수 있는 말은 너무나 많습니다. 그러니 어느 시점에서 우리는 '주제'와 '의미' 그리고 '무엇을 써야 할지'에 대한 걱정으로부터 벗어날 필요가 있게 됩니다.

흥미로운 주제로 글을 쓰는 것보다 진솔한 목소리로 쓰는 것이 더 중요하다는 게 제 주장이지만, 그런 제 말이 의심스럽다던 오히려 본인에게 의미 없는 가사를 써보길 권장합니다. 아마도 생각보다 더 어려울 겁니다. 저는 두 개의 단어를 무작위로 함께 놓았을 때 거기에서 아무런 의미도 발견하지 못하는 것이야말로 거의 불가능한 일이라고 생각합니다. 우리는 자신이 찾은 것을 그저 읊기보다 그것에서 특정한 패턴을 찾고 미스터리를 식별하는 일에 훨씬 더 적합한 존재니까요. 저는 그러한 자연스러운 호기심과 맥락을 파악하는 두뇌가 제 역할을 하도록 내버려 두는 쪽을 권하겠습니다.

그럼 직접 한번 해볼까요? 지금 저는 읽고 있던 책의 한 페이지를 흘끗 쳐다보았고, '시럽syrup'이라는 단어와 '부흥회revival'라는 단어가 별 생각 없이 제 의식 안으로 들어왔습니다. 시럽 부흥회, 좋네요. 이 말이 밴드 이름으로서 매력이 있을지에 대해선 차치하더라도, 이 두 단어로 글쓰기

　　　　　　　　　　　　　　　**3 나를 방해하는 나**

를 시작할 이유는 열 개 넘게 생각해 낼 수 있을 것 같습니다. 일단 아래와 같이 써볼까요.

시럽 부흥회에
어서 오세요
여기는 느글거리기도 하고
달콤하기도 하겠지만
당신을 자리에서 일어나게 할 거예요
힘차게 일어나세요
이번을 마지막으로 영원히
복음이 울려 퍼질 테니까요
시럽 부흥회에서요

어떤가요? 윌코의 곡 〈Muzzle of Bees〉의 제목은 위의 예시에서와 같이 아무 단어들을 무작위로 연결해 지어냈습니다. 그런데 신기한 건, 이 제목이 의미하는 바가 지금의 저에게는 매우 명확한 이미지로 다가온다는 사실입니다. 제가 그 제목을 지은 게 확실할뿐더러 그 곡을 만들기 전까지는 'Muzzle of Bees(벌의 주둥이)'라는 표현이 세상에 없었다는 사실을 스스로에게 상기시켜야 할 정도로 말이죠.

**"음악을 배워본 적도 없고 악기도 연주할 줄 몰라요."**

음악을 배우지 않아서, 악기를 연주할 줄 몰라서 "난 음악에 대해 아는 게 없어."라고 생각하는 건 자연스러운 일입니다. 저 역시 처음엔 그랬고요. 지금도 저는 음악 이론에 관해 배경지식이 전혀 없고, 악보도 볼 줄 모릅니다. 하지만 저만의 방식으로 음악을 전달하는 능력에 대해서는 이제 꽤 자신이 있어요. 음악에 대해 아는 게 없다고 말하는 이에게 저는 이렇게 말해주고 싶습니다. "노래를 듣고 거기에 감응해 본 적이 있나요? 그런 적이 있다면 여러분은 음악을 아는 겁니다." 문법을 잘 이해하지 못한다고 해서 대화나 글쓰기를 못하는 게 아닌 것과 같은 이치입니다. 여러분은 화가가 자기 팔레트의 모든 색이름을 얼마나 정확히 아는지를 기준으로 그 작가의 작품을 판단하나요? 당연히 아닐 겁니다. 말이 안 되는 이야기죠.

어쩌면 여러분은 악기를 연주할 줄 모르기 때문에 노래를 만들고 싶은 마음도 쉽게 생기지 않는 거라고 생각할지 모르겠습니다. 실제로 악기 없이 곡을 쓰는 것이 더 큰 도

　　　　　　　　　　　　3  나를 방해하는 나

전이긴 하니까요. 하지만 진심으로 자신이 악기를 연주하고 싶은 마음이 있는지 자문해 볼 필요가 있습니다. 우리는 컴퓨터로도 음악을 만들 수 있기 때문입니다. 심지어 악기를 다루지 못하거나 컴퓨터가 없다고 하더라도 별 문제 될 건 없습니다. 녹음기나 음성 메모 기능이 있는 휴대폰으로도 노래를 만들 수 있거든요. 그조차 없다고요? 그래도 괜찮습니다. 혹시 목소리는 갖고 있나요? 그 역시 마땅치 않다고요?

그렇다면 '노래'의 의미를 확장해서 생각해 봅시다. 노래라는 것이 어떤 식으로든 일종의 기억이라면, 여러분은 자기만의 잊지 못할 순간을 만들어볼 수 있을 겁니다. 그런 순간을 만드는 방법에는 여러 가지가 있을 테고요. 몇 가지만 상상해 볼까요? 동거인이 있다면 그가 귀가하기 전에 집 안을 풍선으로 가득 채워보는 건 어떨까요. 그게 무리라면, 노래라고 부를 만한 다른 것을 떠올려볼 수도 있겠지요. 누군가가 전화를 걸었을 때 우리가 그걸 받는 방식을 노래라고 부르면 어떨까요. 걸려온 전화를 받는 자기만의 방식이 있다면 그걸 노래라고 말할 수는 없는 걸까요? 송라이팅에 대해 생각할 때, 우리 안의 많은 이성적 장벽과 그럴듯해 보이는 허울 따위를 무너뜨리는 것이 중요하다고 저는 생각합니다.

그리고 이것이 제가 사람들에게 당신도 노래를 만들 수 있다고 자신 있게 말하는 이유입니다. 넓게 보면, 노래를 만드는 능력이란 곧 노래를 듣는 능력을 뜻하기 때문입니다. 일어난 일을 듣고 그것을 자신의 것이라고 말하는 능력, 그것이 바로 노래 만들기의 핵심이니까요. 비록 코드를 틀리고, 비트를 빠뜨리고, 화음이 어긋나는 등 기술적인 실수가 있다고 할지라도요. 사실 이것은 사람들이 송라이팅에 대해 신비로움을 느끼는 또 다른 부분이기도 합니다.

생각해 보세요. 여러분이 만들어낸 소리가 본인에게 조금도 즐겁지 않다면, 그거야말로 이상한 일일 겁니다. 어린아이가 난생처음 기타를 잡고 쳐보는 모습을 지켜보세요. 몇 분도 안 돼서 아이들은 자기가 아무렇게나 만들어낸 소리에 즐거워하기 시작합니다. 그렇게 뭔가 재밌고 신나는 것을 쉽게 만들어내고, 스스로 그것을 즐기지요. 어떤 악기는 엄두도 못 낼 만큼 배우기 어렵다는 걸 저도 압니다. 예컨대 리드reed[2]가 사용되는 몇몇 악기들이 그렇지요. 그런 악기는 처음부터 만족스러운 소리를 내기란 거의 불가능합니다. 하지만 피아노나 기타 같은 악기는 시간과 의지만 낸다면 본인이 간직하고 싶은 소리라든가 다른 무언가를 떠올리게 하는 소리를 충분히 내볼 수 있을 것입니다. 그리고 송라이터란 다름이 아니라 그런 것들을 자기가 만들었다고 천명하는 사람, 그것들을 스스로 자랑스럽게 여기는 사람입니다. 자신이 로큰롤을 탄생시켰다고 말하는 사람, 그 사람이 바로 송라이터인 겁니다. 그러니 여러분도 할 수 있고 될 수 있습니다. 여러분은 지금 막 노래를, 음악을 탄생시켰으니까요.

## "재능이 없는 것 같아요."

우리 모두는 저마다 재능을 갖고 있지만 자신의 재능을 남과 비교하기 시작한다면 더 부러운 재능을 가진 사람이 계속해서 눈에 들어올 겁니다. 자기를 누군가와 비교하고 타인을 기준으로 스스로를 재단하는 행위로부터 자유롭기란 사실 인간이라면 쉽지 않은 일입니다. 남이 나보다 재능이 더 많다는 걸 알았을 때는 주눅이 들고 언짢아지기

---

2　악기의 소리를 내기 위해 입으로 불어 진동시키는 얇은 판. 주로 목관악기에 사용된다.

도 하고요. ㅎ-지만 여러분은 그걸 극복해야 합니다. 비욘 세Beyonce가 살고 있는 세상에 나도 살고 있다고 해서 삶을 그만둘 수는 없으니까요. 시카고 교향악단의 연주회에 갔다가 무대 위의 모든 사람이 자기보다 음악에 대해 많은 걸 안다는 사실을 깨달았다고 해서 때려치울 순 없는 일이니까요.

적성과 재능의 경계는 항상 모호합니다. 어떤 이들에겐 특정한 적성이 있을 테고, 그들은 무언가의 전문가가 되고자 기량을 닦을 수 있겠지요. 한편 다른 이들에겐 예술가로서의 재능이 있을 겁니다. 저는 그 예술가적 재능이란 '소통에 뛰어나며 자신을 표현할 줄 아는 능력'이라고 생각합니다. 단순히 노래 한 곡을 완벽하게 연주해 낼 줄 아는 능력이 아니라요. 제 생각에는, 믿음이 가는 열린 마음과 그런 마음을 나누려는 의지야말로 기술적 완성도를 넘어 사람들의 공감을 불러일으키는 가장 중요한 주체인 것 같습니다.

     3 나를 방해하는 나

# 4 예술가는 고통받는다는 신화

## 어떤 창작자가 되고 싶나요?

앞의 이야기들을 통해 여러분 자신이 송라이터가 될 수 없을 거라는 생각을 제가 어느 정도는 깨트렸기를 바랍니다. 특히 송라이팅을 인생의 일부로 삼고 싶은 분에게 이 일을 정말로 할 수 있으리라는 확신을 주었다면 좋겠고요. 이쯤에서 언급해 둘 것이 있습니다. 모든 예술 작업의 과정에는 반복과 루틴의 가치가 매우 중요하다는 사실입니다. 이 둘은 제가 아주 잘한다고 자신 있게 말할 수 있는 것들입니다. 앞에서 강조한 바 있지만, 영감은 저절로 생기는 것이 아니라 규칙적이고 집중적인 작업을 통해서 계속 불러와야 하는 대상이라는 점을 잊지 마세요.

만일 여러분의 목표가 노래를 만드는 것이고 궁극적으로 그걸 업으로 삼고 싶다면, 그때 가장 중요한 것은 직업윤리일 겁니다. 저는 윌코스 로프트Wilco's Loft라고 이름 붙인 곳으로 출근을 합니다. 그곳은 곡을 쓰고 녹음을 할 수 있는, 저희 집에서 몇 킬로미터 떨어진 연습실 겸 녹음실입니다. 저는 그 장소가 우리 멤버들에게 언제까지나 있으리라 당연하게 생각하지 않으려고 애쓰는 편이고, 그래서 그처럼 좋은 시설이 갖추어지지 않은 환경에서도 매일 곡 쓰는 습관을 놓지 않으려고 합니다. 이를테면 아침마다 침대에서 내려오기 전에 프리라이팅을 조금이라도 해보는 습관을 들이는 것이죠. 이에 관해서도 뒤에서 좀 더 이야기해 보겠습니다.

저의 곡 쓰기 과정이 어떻게 변화해 왔는지 돌아보면, 확실히 지금은 예전보다도 어떤 환경에든 적응하는 능력이 좋아진 것 같습니다. 가사 쓸 때를 생각해 보면, 예전에는 거의 병적일 정도로 주변의 모든 것이 깔끔해야 했습니

　　　　　　　　　　**4 예술가는 고통받는다는 신화**

다. 책상 위의 물건들은 대칭으로 반듯이 놓여 있거나 전부 정리되어 있어야 했지요. 통제된 공간 안에서 시야 내에 있는 것들이 질서정연하게 보여야 마음도 정리되는 것 같았거든요. 특히 작곡할 때보다 작사를 할 때 좀 더 특별한 마음가짐이 필요했습니다. 지금은 한결 유연하게 대처할 줄 알게 되었지만요.

누구나 시작할 수 있는 가장 좋은 방법이 있습니다. 그것은 루틴을 만드는 것, 체계를 만들어가는 것입니다. 습관이 될 수 있도록요. "아침 출근 전에 30분 동안 곡을 써야지."라든가 "집에 들어가자마자 30분간 곡을 쓴 뒤 저녁 식사나 맥주로 스스로에게 보상을 줄 거야."라고 다짐을 하는 건 그리 어렵지 않은 방법입니다. 노트나 메모 패드, 웬만한 휴대폰에는 다 있는 음성 메모 앱 등을 사용하는 건 당장 시작해도 좋을 습관이지요. 실제로 다수의 성공한 송라이터들이 그런 습관을 갖고 있으며, 저도 마찬가지입니다. 지금 막 떠오른 아이디어가 너무 훌륭한 나머지 다음에 분명 기억이 날 거라고 당연하게 생각하지 마세요. 저는 머릿속에 떠오르는 것들 중 귀에 조금이라도 감기는 아이디어는 모조리 적어두거나 휴대폰에 저장해 둡니다.

어디선가 음악적인 영감을 떠오르게 하는 소리가 들려오면 걷다가도 휴대폰을 꺼내 녹음해 두고요. '나중에 다시 들어보고 싶은데?'라는 생각이 들지만 왜 그런지는 모르겠는 소리들을 말이죠.

제가 녹음해 놓은 음성 메모를 다시 들어보면, 우선은 어쿠스틱 기타로 연주한 짧은 멜로디들이 많습니다. 호주에서 들었던 신기한 새 소리들도 있지요. 그리고 그 모두는 온전히 제 것처럼 느껴집니다. 녹음된 새 소리라도, 그 소리를 의식적으로 선택한 건 저니까요. 그 소리들은 제가 창조해 낸 겁니다. 그 소리를 녹음한 저의 행동은 기타로 어떤 곡을 연주하는 것만큼이나 창의적인 행위이고, 그것은 아름다움고- 영감을 향한 제 탐구심을 다시금 확인시켜 줍니다. 저는 그렇게 녹음해 둔 것들을 잊고 지내다가 어느 날 듣고는 깜짝 놀라기도 하는데, 때로는 그것들이 실제 노래가 되기도 합니다.

## 고통이어서는 안 됩니다

고통받는 예술가들도 있습니다. 이 점에는 논쟁의 여지가 없지요. 하지만 저는 많은 사람들이 '고통받는 예술가'

     **4 예술가는 고통받는다는 신화**

라는 신화에 속고 있다고도 생각합니다. 수많은 예술이 외부적인 어려움 없이 탄생하고, 심지어 더 많은 예술은 예술가의 개인적인 어려움 없이도 탄생합니다. '고통받는 예술가' 이야기가 존재하는 이유는 아마도 창작 과정에 약간의 마법만 불어넣으면 예술가에 대해 설명하기가 훨씬 쉬워지기 때문이 아닐까 싶습니다.

예술은 설명하기 어려운 주제입니다. 예술이 이해하기 어려워질수록 우리의 감상도 일관성 있고 명쾌하게 공유하기가 더 어려워지고요. 이것이 바로 예술가가 예술이 되기보다 '이야기'가 되는 이유입니다. 또 예술은 정신 질환이나 약물 중독, 결핍, 기행과 같은 주제를 빼놓고 얘기하면 어쩐지 밋밋하게 들리기도 합니다. 이러한 이유로 오히려 다른 수많은 예술가들, 다시 말해 눈에 띄지 않은 채 묵묵히 작업에 임하는 보통의 예술가들은 딱히 드러낼 만한 고통이 없는 경우 덜 주목받고 덜 기록되는 경향이 있습니다. 창작에 관한 스토리가 강렬하지 않다는 이유로 고통 없이 창작된 예술이 회의적인 시각으로 받아들여지기도 하지요.

사실 이러한 생각은 제가 건강한 삶을 사는 데 큰 걸림

돌이 되기도 했습니다. (제 첫 번째 책에서 상세히 털어놓은 바 있습니다.[1]) 그 당시 저는 '약물에 취한 록스타'의 이미지를 경멸하면서도 다른 한편으로는 예술가란 모름지기 고통받아야 한다는 신화를 여전히 믿고 있었습니다. 하지만 생각해 보면, 괴로움이 없는 사람은 없습니다. 그렇기에 예술을 하는 사람은 누구나 마음만 먹으면 자신의 고통에 시선을 둘 수 있으며 그 고통이 창작의 원천이라고 말할 수 있는 것입니다.

그럼 모든 사람이 같은 수준의 고통을 겪을까요? 그건 아닐 겁니다. 다만 우리는 각자의 고통만을 이해할 수 있을 뿐이지요. 저는 모두가 고통받고 있다는 사실만으로도 충분하다고 생각합니다. 크나큰 고통만이 위대한 예술을 만들어내는 거라면, (슬픈 이야기지만) 세상에는 위대한 예술 작품이 훨씬 더 많이 존재했을 겁니다. 또 하나 제가 강조하고 싶은 건, 심신이 쇠약해진 사람이 창작에 전념하기란 매우 어렵다는 사실입니다. 질병과 우울로 세상을 떠난 예술가들이 지금까지 살아 있었다면 얼마나 더 많은 작품

1  저자의 첫 책《레츠 고Let's Go》에는 마약성 진통제 중독과 우울증으로 치료받았던 본인의 이야기가 실려 있다.

    **4  예술가는 고통받는다는 신화**

이 탄생했을까요?

저를 비롯해 제가 아는 대부분의 송라이터들에게도 곡을 쓰는 것은 힘든 일입니다. 그러나 저는 그 힘듦이 고통이라고는 생각하지 않습니다. 그게 차이점입니다. 작업을 열심히 하는 것은 그 자체로 가치 있는 행위입니다. 저는 작업 이외의 다른 것에 대해선 모릅니다. 물론, 제 첫 번째 책에서도 이야기했듯이, 예전에는 일을 하기 싫거나 제대로 된 직업을 구하고 싶지 않을 때 하기 좋은 게 록 밴드 멤버라고 생각한 적도 있습니다. 하지만 그건 잘못된 생각이었어요. 여러분이 이름을 들어본 모든 록 밴드는 사실 누구보다도 가장 열심히 일한 예술가들입니다. 음악 비즈니스의 영역에서는 가장 열심히 일한 사람이 그에 맞는 보상을 받는 것도 아니며 때로는 열심히 한 밴드가 부당한 대우를 받기도 한다는 사실을 잘 알지만, 적어도 우리가 아는 음악가들 중에서 열심히 하지 않은 사람은 없을 겁니다. 저는 비욘세 같은 아티스트를 볼 때마다 '저 사람은 그 누구보다도 열심히 하고 있구나'라는 생각이 들곤 합니다.

세상에는 영혼을 갉아먹는 일도 많고, 그만두고 싶어도 어쩔 수 없이 일에 얽매인 안타까운 상황도 많다는 것을 알고 있습니다. 하지만 그런 상황들조차 자신이 좋아하는 일을 더 열심히 하도록 하는 영감이 되어줄 수 있다고 저는 생각합니다. 왜냐고요? 자기가 좋아하는 일을 하면서 사는 사람은 전 세계의 수십억 명 중에서 아주 적은 수에 해당하기 때문입니다. 그러니 명심하세요. 여러분이 지금 좋아하는 일을 하고 있다면 그것을 소중히 여기고 보호해야 할 필요가 있다는 사실을요. 그것이 무너지지 않도록, 사라지지 않도록, 만족스럽지 않은 무언가로 전락하지 않도록 말이죠. 그리하여 여러분의 영감을 지키고, 영감을 불러올 수 있는 자신의 능력을 꼭 지켜내길 바랍니다.

# 5

## 루틴으로
## 창작하기

앞에서는 여러분을 창작자의 직업 윤리로 무장시키려
고 노력했으니, 이제는 제가 그것을 어떻게 일상에서 적용
하는지에 대해 얘기해 볼까 합니다. 반복적인 연습과 습관
들이기에 대한 구체적인 내용은 2부에서 다뤄볼 예정이
고, 여기서는 제 개인적인 이야기를 먼저 해보겠습니다.

저의 방식이 누군가에게는 지나치게 계획적으로 비칠
수 있음을 알지만, 저는 이렇게 일하는 것을 좋아합니다.
저는 루틴을 좋아하고, 그 루틴 덕에 과정을 크게 신경 쓰

지 않고 몰입한 채 작업하다가 어느새 도출돼 있는 결과물
에 놀라움을 느끼는 순간도 좋아합니다. 그리고 이런 방식
을 통해 제가 믿어 의심치 않게 된 것이 하나 있습니다. 별
로 좋아 보이지 않는 아이디어도 깊은 관심을 갖고 다시
들여다보면 처음에 생각했던 것보다 훨씬 더 흥미로워진
다는 사실이지요.

다음은 제가 매일 머릿속의 체크 리스트에 기입하는 세
가지 주요 항목입니다. 이것은 오랜 시간 수많은 곡을 쓰
면서 활용해 온 방법이지만, 단 한 곡을 만드는 게 목표일
때에도 분명 효과가 있습니다.


### 1. 단어, 표현, 가사 등을 모으기

: 프리라이팅을 해보고, 시를 써봅니다. 노랫말을 다듬
고 수정하는 것도 이 연습에 포함됩니다. 2부에서 자세히
얘기해 볼게요.


### 2. 음악, 참고할 노래, 그리고 노래 조각 모으기

: 멜로디를 만들고, 직접 만든 데모를 녹음해 봅니다. 다
른 사람들이 만든 노래를 연구하고, 곡의 일부를 직접 써

봅니다.

### 3. 가사와 음악을 서로 맞춰보기

: 멜로디에 맞춰 가사를 써보고, 모아둔 데모 곡들에 내가 쓴 가사와 시, 프리라이팅 글들을 붙여봅니다.


대부분은 크게 힘들이지 않고 하루에 다 해낼 수 있는 일들이지만, 저는 이 세 항목 중 하나만 해내더라도 그날은 성실히 보낸 하루라고 생각하며 만족하는 편입니다. 실제로 많은 시간이 걸릴 게 없는 일이지요. 일정 시간 집중만 할 수 있다면, 하루에 5분이나 10분씩만 시간을 내어도 노래에 관한 꽤 많은 자료를 축적하게 될 겁니다.

자, 그럼 이제부터 곡 작업을 위한 가장 생산적인 하루를 그려볼까요? 그 전에 말씀드릴 것은, 아래의 일과표에는 친구나 가족과 함께 보내는 시간이라든지 다른 평범한 일상의 풍경이 보이지 않는다는 것입니다. 안타깝게도 예컨대 '가족을 위한 시간'은 노래의 결과물에 있어서 반드시 필요한 시간은 아니며, 사랑하는 이들과 보내는 시간은 창작의 순수한 재료로서는 큰 의미가 없다는 점을 말씀드립니다. 오히려 주변 사람들과 함께 시간을 보내는 것은 내 삶에 관한 곡을 쓰는 일보다 더 중요한 일입니다. 때로 그들과 보내는 시간은 곡을 쓸 재료의 깊은 원천이 되어주기도 하고요.

아래에 제시 하는 스케줄은 우리가 실제로 방해받지 않고 창의적인 시간을 보낼 수 있는 완벽한 날이 어떤 모습일지에 대한 이상적인 개요에 가까울 뿐입니다. 제가 아래의 모든 항목을 24시간 이내에 빠짐없이 수행한 적이 있었는지는 확실치 않습니다. 아마도 드물게는 있었겠지요. 중요한 것은 제가 이 같은 예정표를 좋아한다는 사실입니다. 아래의 일과표는 제가 제 삶의 책임을 충분히 다하고 난 뒤 하루 동안의 자유 시간을 갖게 된다면 어떻게 시간을 보낼지에 대해 상상하며 작성한 계획이라고 보면 좋을 것 같습니다.

**창의성을 위한 상상의 일과표**

**저녁 8시부터 10시까지**

네, 맞아요. 보통 사람들이 하루를 시작할 시간대는 아닙니다. 하지만 들어보세요. 이 시간에 저는 간단한 기타

아이디어나 코드 진행, 흥얼거린 멜로디 등을 녹음해 둔 휴대폰 음성 메모를 들으며 무엇이 흥미로운지, 어느 것이 좀 더 발전시킬 만한지 찾아보곤 합니다. 가끔은 제가 썼던 곡을 다시 이해하는 데 시간이 걸리기도 하지만, 자주 하다 보니 이제는 튜닝이나 카포 위치 따위를 기록해 두는 일에는 능숙해졌습니다. 그러나 오래전에 만들었던 노래 중에는 두 번 다시 연주하지 못하게 된 경우도 있습니다. 앞으로도 절대 완성하지 못할 곡들이지요. 이유가 뭘까요? 그날 제 연주가 세고비아[1]만큼 수준이 너무 높았기 때문에 재연하기가 어려운 걸까요? 그게 아니라, 제가 멋지고 신기한 튜닝을 만들어놓고도 순전히 게으름 때문에 제대로 기록해 놓지 않아 다시는 같은 소리를 낼 수 없게 되었기 때문입니다. 오직 경험으로 느낄 수 있었던 큰 교훈이었죠.

## 밤 10시부터 자정까지

이 시간에는 휴식을 취합니다. 가족과 함께 시간을 보내

---

1　스페인의 전설적인 클래식 기타리스트 안드레스 세고비아.

거나, 십자말풀이를 하기도 하지요…. (네, 저는 십자말풀이 중독자입니다. 그래도 다른 거 중독자보다는 낫지 않나요…)

## 자정부터 잠들기 전까지

저는 보통 잠들기 직전의 이 시간대에 가사를 완성하는 데 집중합니다. 적어도 벌스verse 한 토막과 코러스chorus 한 토막에 들어갈 가사 정도는 휴대폰에 녹음해 두려고 노력하는 편이죠. 작업이 수월하게 진행되는 날에는 대여섯 개의 벌스를 완성할 때도 있습니다.

그럼 왜 잠들기 전에 이 작업을 할까요? 저는 우리가 의식적으로 잠재의식의 길로 걸어 들어갈 필요가 있다고 생각하는 편입니다. 우리는 자신이 다다를 수 있는 무언가가 있다는 사실을 스스로 믿어야 합니다. 하지만 자아는 자신을 방해하지요. 우리의 자아는 우리의 잠재의식이 자기만큼이나 똑똑한 무언가를 생각해 낼 거라고 믿지 않으니까요.

사실 우리는 이미 자신의 창작을 도와줄 도구를 여럿 갖고 있지만, 그 사실을 모든 사람이 쉽게 알아차리는 것은 아닙니다. 가장 쉬워 보이는 술이나 약물 같은 것은 창작을 도와준다고 알려진 흔한 도구입니다. 실제로 그런 것들

     **5 루틴으로 창작하기**

은 작곡이나 창의성 증진에 도움이 된다고 여겨지곤 합니다. 무엇보다 술이나 약물은 우리의 잠재의식에 더 쉽게 도달했다가 빠져나오게 해주는 듯 보입니다. 좀 더 개인적인 애길 해보자면, 저는 약물을 끊고 나서 제 잠재의식이 약물 사용과 관련이 있었던 게 아닐까, 약물에 취하지 않고서 잠재의식에 도달하면 또다시 약물을 사용하고 싶어지지 않을까 걱정하게 되었습니다. 일상을 관장하는 냉철한 자아를 내버려 둔 채 노래를 상상하는 일에 제 모든 걸 맡긴다면 이성적인 정신 상태로 되돌아가지 못하는 건 아닐까 겁이 나기도 했고요.

그러나 약물의 도움을 받지 않고 내면의 목소리를 사용하는 법을 배워가면서, 저는 자아를 내려놓고 잠재의식으로 들어가는 일에 오히려 더 쉽게 몰입할 수 있게 되었습니다. 제 우려는 전적으로 불필요한 것이었음이 밝혀진 거죠. 물론 약물은 의식을 확장하는 데 분명 도움이 될 수 있습니다. 약물을 사용함으로써 우리가 세상과 맺고 있는 관계에 대해 더 깊이 탐구해 볼 수도 있고요. 하지만 굳이 가스 토치로 담뱃불을 붙일 필요가 있을까요? 잠재의식에 다가가기 위해 조금 더 합리적이고 안전한 방법을 사용하기를 저는 추천합니다.

희망적인 것은, 마음을 가라앉히고 자기 안의 것들을 더 쉽게 쏟아낼 수 있도록 해주는 기술과 습관, 활동 등을 우리는 개발할 수 있다는 사실입니다. 우선, 걷기는 생각의 매듭을 풀어주는 활동입니다. 거의 모든 종류의 정신적 스트레스는 여유로운 산책 또는 한 블록 정도를 빠르게 돌고 오는 활동을 통해 완화될 수 있습니다. 곡을 쓰다가 막힌 느낌이건 삶에 갇힌 느낌이건, 생각을 단순화할 필요가 있다면 그때 여러분이 '해야 할' 가장 쉬운 일은 바로 걷기입니다. 물론 밤늦은 시간에 꼭 해야 하는 일은 아니라는 점을 명심하시고요.

사실 이 시간대에 하면 가장 좋은 일은 잠들기 직전에 곡 작업을 한 뒤 다음 날 아침에 일어나자마자 그 일을 이어가는 것입니다. 저는 실제로 제가 잠을 자는 동안에 최고의 곡을 많이 써냈다고 생각합니다. 마지막까지 고민하던 퍼즐이 완전히 해결된 채로 일어날 때도 종종 있었고요. 농담이 아닙니다. 심지어는 잠들기 전까지 흥얼거리던 멜로디에 새로운 노랫말이 거의 부착된 채로 깨어난 적도 있는걸요.

간혹 저는 아침에 반쯤 잠들어 있는 상태로, 마치 어느 때보다도 느긋하고 관대해진 뇌에게서 받아쓰기를 하듯 휴대폰으로 가사를 쓰기도 합니다. 이렇듯 잠은 여러분의 가장 골치 아픈 생각들을 정리해 줄 수 있습니다. 무언가에 몰입해 있거나 정신이 조금이라도 활동적인 상태일 때 잠에 들 줄 알기만 하면 됩니다. 물론 이렇게 하는 게 어려운 분들도 있겠지요. 저와 달리 잠들기에 어려움을 겪는 분들도 많을 테니까요. 하지만 꾸준히 찾아보면 활발한 정신 활동 후에 두뇌 스위치를 끄는 저마다의 방법을 알아낼 수 있을 겁니다. 어떤 식으로든 잠들기 전 여러분이 작업 중인 노래에 의도적으로 집중하도록 노력해 보세요. 참고로 이 방법은 연주하기 어려웠던 악절을 익히는 데에도 매우 효과적입니다. 저는 잠자리에 들기 직전에 평소 잘되지 않았던 기타 연주를 연습하곤 하는데, 다음 날 아침이면 연주하기가 한결 수월해지는 때가 종종 있답니다. 거의 마법처럼 느껴질 정도로요.

## 오전 7시부터 9시까지

조금은 신비로워지는 시간입니다. 이 시간대의 신비로

움은 아주 확실해서, 어떤 과학적인 근거가 있는 것이 아닐까 하는 생각마저 듭니다. 저는 유독 아침에 제 안에서 노래가 잘 흘러나오는데(전날 밤에 작업하던 노래뿐 아니라 완전히 새로운 가사와 곡조까지도), 잠들기 전부터 아침까지 제가 사용하는 이 방식의 신비로움에는 신성한(이게 맞는 표현이라면) 이유까지는 아니더라도 어떤 자연스러운 이유가 있다고 생각합니다. 물론 이 방법이 모든 작사가를 레너드 코언Leonard Cchen[2]으로 만들 수 있다는 것은 아니지만, 저는 밤새 꿈속에서 춤췄던 멜로디와 리듬이 아침의 반수면 상태와 만남으로써 제 연상력이 자유롭게 뛰놀게 되는 그 순간을 무척 좋아합니다.

### 오전 9시부터 11시까지

잠시 눈을 붙일 수 있는 시간으로 정해보면 어떨까요. 낮잠을 잘 수 있다는 게 상당한 특권이라는 것은 잘 알고 있습니다. 제가 잠을 추천한다고 해서 이걸 읽는 분들이 무작정 이 시간에 수면에 들지도 않겠지만요. 다만 저는

---

2   서정적이고 문학적인 가사로 다수의 문학상을 받기도 한 캐나다의 싱어송라이터.

       **5 루틴으로 창작하기**

개인적으로 생각하는 이상적인 곡 쓰기의 일과가 어떤 모습인지 솔직하게 보여드리려는 것뿐입니다. 물론 저는 창작이 아닌 일반적인 관점에서도 낮잠을 강력하게 지지하는 입장입니다만….

## 오전 11시부터 정오까지

이 시간에는 프리라이팅 또는 글쓰기 연습을 하거나 아침 일곱 시에 일어나자마자 써놓았던 글들을 살펴봅니다. 아니면 그날 스튜디오에서 작업할 곡들이 있다면 녹음을 시작할 수 있을 만큼 최종 버전에 가까운 형태인지 확인하기도 하지요.

## 정오부터 오후 6시까지

저는 이 시간을 대부분 스튜디오에서 보냅니다. 다시 말하지만, 제가 좋은 여건을 갖고 있다는 사실을 알고 있고 이 점을 절대 당연하게 생각하지도 않습니다. 제 평생의 꿈은 항상 음악 장비에 둘러싸여 밤낮으로 영감을 받을 때마다 음악을 만드는 데 몰두할 수 있는 장소를 갖는 것이었어요. 오랜 시간에 걸쳐 제 거의 모든 에너지와 자원이 이

꿈의 시나리오를 완성하는 데 들어갔습니다. 그리고 이제 저는 그것을 유지하는 일에 거의 같은 양의 에너지를 소비하고 있습니다. 말도 안 되는 우주적 행운이 아니었더라면 지금껏 제가 생산적으로 일할 수 있게 해준 이 작업실, 윌코스 로프트를 갖는 일도 실현되지 않았겠지요.

모든 사람에게는 일할 공간이 필요한 법입니다. 여러분의 공간이 제 공간과 비슷하게 생기지는 않을 수 있지만, 자신의 기분을 좋게 하고 마음을 열게 하며 수용적인 상태로 만들어주는 환경을 찾는 일은 어떤 유형의 창작자에게든 본인을 위해 할 수 있는 가장 중요한 일 중 하나일 겁니다.

## 오후 6시부터 8시까지

저는 중독에 취약한 제 성향 때문에 (양쪽 정강이뼈에 금이 가기 전까지는) 오랜 기간 달리기를 했습니다. 한동안은 매일 수영을 하기도 했지만, 투어 중에는 굉장히 번거로운 일이더군요. 결국 가장 적당한 운동은 실내 자전거가 되었습니다. 이것은 저에게 더 큰 그림의 일부입니다. 운동은 정신 건강에 필수이며, 창조적인 생활양식에도 필수적인 부분이니까요. 보컬리스트로서 운동이 얼마나 도움이 됐는지는 말할 것도 없습니다. 최소한 규칙적으로 오래 걷기를 하는 것은 아마도 작가라는 직업의 역사만큼이나 오랜 시간 모든 유형의 작가들이 보증하고 신뢰해 온 원기 회복 습관일 겁니다. 우리의 몸은 정신과 직결되어 있고, 신체의 움직임은 심리적으로 갇혀 있다는 느낌에서 벗어나게 해줍니다. 그러니 걸으세요. 노래를 만들고 싶다면, 산책을 하세요.

# 6

# 노래를 만들면 얻게 되는 것

## 과정이냐 목표냐

최종 목표에 관해 이야기해 볼까요? 여러분이 이루고 싶은 것은 정확히 무엇인가요? 이 책을 구매한 여러분의 최우선 목표 중 하나는 적어도 분명하겠지요. 그것은 노래 한 곡을 써내는 일일 겁니다. 이상적으로는 더 많은 노래를 만드는 것일 테고요.

하지만 우리가 이루고 싶은 것을 목표로 삼는 일이 아무리 중요하더라도 명심해야 할 것이 있습니다. 송라이팅에 있어서 '과정'은 (유일한 목표는 아닐지언정) 적어도 하나의 목표가 되어야 한다는 것입니다. 저 개인적으로는, 이제는 노래를 만드는 행위 자체가 명백히도 가장 중요한 목표가 되었습니다. 작업 중인 곡에 완전히 몰입하는 것은 제 인생에서 가장 기대되는 일이 되었죠.

그렇다고 제가 더 먼 곳의 목표와 욕망을 내버렸다는 뜻은 아닙니다. 여전히 저는 앨범을 완성하고 새로운 곡으로 무대에 오르기를 바랍니다. 그러나 제가 곡을 쓸 때 받는 느낌, 그러니까 노래를 만드는 동안 시간이 확장되고 사라지는 동시에 내가 더욱더 진정한 나 자신이 되고 자유로워지는 그 느낌은, 제가 이렇게 음악 창작에 관한 생각을 책으로 펴내어 이 주제에 관심 있을 법한 이들과 나누고 싶었던 가장 큰 이유이기도 합니다.

작곡뿐 아니라 모든 예술적 시도에 있어서 중요한 것은 목표에 도달하기만 하는 것이 아니라 과정 속에 있어 보는 것입니다. 제가 여러분과 나누고 싶은 내용도 그러한 과정에 관한 이야기이고요. 그저 완성된 곡이 불러온 성취보다는 송라이팅이라는 행위 자체에서 우리가 얻게 되는 것들 말이죠. 물론 여러분이 그 둘을 모두 얻게 된다고 해도 놀랄 일은 아니겠지만요.

## 마음대로 되지 않아도 괜찮은 이유

노래를 완성했다 할지라도 그건 여러분이 바랐던 모습과 다를 때가 많을 겁니다. 여러분은 아주 많이 실패하게 될 거예요. 결국 노래 만드는 법을 배우는 것은, 많은 부분에서 실패하는 법을 배우고 그래도 괜찮아지는 법을 배우는 것이니까요. 그러나 또한 노래 만들기를 배우는 일은 진실을 찾고, 발견하고, 그것들을 함께 나누는 일이기도 합니다. 바로 이것, 드러난 진실들이야말로 제가 장르를 불문하고 모든 이의 음악에서 찾고자 하는 것이지요. 예술에서는 늘 진실이 드러나기 마련입니다. 코미디는 그처럼 진실을 찾아 드러내는 대표적인 양식이지만, 좋은 송라이팅 역시 다르지 않다고 저는 생각합니다. 저는 모든 예술이 진실에 관한 것이라고 믿는 쪽입니다. 그 진실은 대개의 경우 좀처럼 보이지 않죠. 우리가 일상의 고단함에 갇혀 미처 인식하지 못하고 있을 때, 그때 예술은 그 틈을 비집고 들어와 우리에게 무언가를 알려줍니다.

딱 들어맞는 비유는 아니지만, 가끔은 눈높이에 매달린

　　　　　　　　**6 노래를 만들면 얻게 되는 것**

과일을 찾는 일 같다는 생각이 듭니다. 사람들이 항상 지나치는 것, 주변 환경과 너무 잘 어우러져 보이지 않게 되어버린 것, 너무나 명백해서 오히려 아무도 보지 못하는 것. 하지만 누군가는 그것이 무엇인지 혹은 어떻게 봐야 할지 알아낼 것이고, 그러면 그제야 사람들은 이렇게 말할 겁니다. "맞아! 내가 왜 그 얘길 안 했을까? 그게 저기에 있다는 걸 알고 있었는데."라든가 "그게 바로 내가 느끼는 감정이야."라고요. "강에 대해 얘기해 줄 수도 있지만 / 그냥 들어가 보는 편이 좋겠네"라고 빌 캘러핸Bill Callahan[1]이 노래한 것처럼 말이죠.

여러분이 기꺼이 실패할 필요가 있으며 실패를 열망해야 한다고까지 말하는 만큼이나, 저는 여러분 스스로가 위대해지고 싶은 마음을 갖는 것 역시 좋다고 생각합니다. 세상에서 가장 멋진 노래를 만들고 싶다고 말하는 것은 부끄러운 일도 아니고요. 저는 누군가가 "이게 내가 가장 좋아하는 노래야."라고 말할 만한 곡을 만들고 싶습니다. 물론 사람들은 그런 얘기를 자주 하며 좋아하는 노래도 쉽게

---

1 미국의 포크 싱어송라이터.

바뀐다는 걸 알지만, 그럼에도 제 노래가 사람들 입에 오르내리고 진지하게 받아들여지길 저 역시 바랍니다.

그러나 그렇다고 해도, 제가 창작에 쓰는 대부분의 시간은 세상에서 가장 위대한 노래를 만들기 위해 적극적으로 노력하는 시간은 아닙니다. 저는 창작 활동을 통해 제가 누구에게도 상처를 주지 않는다는 사실에 만족하는 것, 거기에 더 큰 가치를 두는 편입니다. 노래를 만드는 것은 과정이고, 그 과정 속에선 무엇이 벌어지든 멋진 일이지요. 어느 시점에 저는 창의적인 상태에서 벗어나 제가 만든 것을 들여다보고는 '이건 정말 좋은걸. 공개해야겠어.'라는 생각이 드는 조각들을 발견하곤 합니다. 하지만 제가 창작을 하는 데 모든 시간을 쏟아붓고 있을 때는, 제대로 된 정신 상태를 유지하고 있다면, 그때는 '좋은 곡일까, 별로인 곡일까'에 관한 고민 따위는 하지 않습니다. 므언가를 만들어냈다는 것 자체만으로 큰 기쁨을 느낄 뿐, 다른 부분에 대해선 별로라는 생각조차 들지 않죠. 매우 좋아하지도, 지나치게 기뻐하지도 않습니다. '그래도 시간 낭비는 하지 않았구나' 하고 생각하는 정도입니다.

     **6 노래를 만들면 얻게 되는 것**

## 무엇을 얻을 것인가

자, 여러분이 방금 곡을 하나 썼다고 가정해 봅시다. 몇 초 전에요. 막 기타를 내려놨습니다. 그 곡에서 여러분은 무엇을 얻을까요? 제 안의 어떤 자아는 "별로 없는데?"라고 말하고 싶어 하지만, 또 다른 자아는 "모든 것을!"이라고 말하고 싶어 합니다. 저는 이 두 의견을 동등하게 지지하지만, 사실 저 두 답변은 동일한 질문에 대한 답이 아닙니다. 우선 전자의 경우처럼 '별로 없다'고 말하고 싶은 이유는 이 책의 기본 전제가 곡 쓰기 과정을 제시하고 안정적으로 노래 한 곡을 만들어낼 수 있도록 그 과정에 잘 스며들게끔 돕는 것이기 때문입니다. 그리고 저는 그것을 '달성하기'가 아니라 '하기'라고 부르고 싶습니다. 여러분이 그 노래를 어떻게 평가하는지 혹은 세상이 그 곡을 어떻게 생각할지는 제가 지금껏 여러 차례 이야기한 기쁨(오랜 몰입을 통해 우리 내면에 있는 줄 몰랐던 것을 발견하게 되는 기쁨)과 비교하면 별로 중요하지 않으니까요.

저는 진심으로 그렇게 생각합니다. 저에겐 거의 습관과도 같아진 사고방식이고, 개인적으로 제게 한결같이 위안을 안겨준 믿음이기도 하지요. 그래서 때로는 위와 같이 생각하기를 멈춰야 할 때도 있습니다. 그러지 않는다면 제가 만든 노래를 세상에 내놓는 데 필요한 마지막 단계인 편곡과 녹음이라는 단계에 결코 진입하지 못하게 될 테니까요. 다음 단계로 넘어가지 않으면 아마도 제게는 돌보고 관심을 들여야 할, 옷을 입다가 만 노래들이 수백 곡 정도 남게 될 겁니다.

그러나 가끔은 하나의 노래가 '모든 것'이 되는 때가 있고, 그런 순간을 여러분도 가져보게 되길 바랍니다. 음악을 만들다 보면 가끔 운이 좋을 때 다른 예술 형식이 다다를 수 없는 것에 닿기도 하는데, 이는 대부분 멜로디 때문이지만 실은 노래의 모든 구성 요소가 잘 맞물려 돌아갈 때 가능해집니다. 또한 노래는 장소가 되기도 합니다. 모든 것이 있는 곳, 우주를 품은 곳이 되는 것이죠. 그곳은 노래가 우리에게 주는 것을 느낄 수 있는 유일한 장소입니다. 이런 일이 자주 일어날 거라고, 여러분이 그곳에 반드시 가닿을 거라고 장담할 수는 없지만, 그렇다고 꿈도 꿀 수 없는 일로 치부하기에는 너무나 근사한 감정입니다. 여러분은 닉 드레이크Nick Drake의 〈Pink Moon〉을 들을 때와 같이 작은 기타 안에서 무중력 상태로 떠 있는 듯한 느낌을 주는 공간을 창조해 볼 수도 있을 테고, 미시 엘리엇 Missy Elliott이 〈Get Ur Freak On〉으로 증명했듯 미지의 영역을 지도처럼 그려볼 수도 있을 것입니다.

물론 인정받길 원하는 제 안의 어떤 자아에 대해 말하지 않는다면 그건 거짓말을 하는 것과 같겠지요. 저도 이른바 '레전드'가 되고 싶고, 제가 하는 일에 있어 존경받는 사람이 되고 싶은 마음도 있으니까요. 누구나 이런 생각을 해보지 않을까요? 이는 꽤 자연스러운 생각이자 욕망이라고 생각합니다.

저는 이 세상 많은 사람이 저에 대해 전혀 모른다는 사실을 알고 있습니다. 그런데 제가 이러한 생각에 사로잡혀 있다면, 아마도 그런 종류의 명성을 얻기 위해 여러 가지 일들을 할 수는 있겠지만 덜 행복할 거라는 생각이 듭니다. 유명해지는 것이 가장 중요한 일이 되면 음악이 아닌 다른 것들이 더 중요해질 테고, 그러면 그것은 끝나지 않는 일이 되고 말 겁니다. 마치 요트를 가진 부자처럼요. 내가 지금 세상에서 가장 큰 요트를 가지고 있다면, 곧 누군가는 더 큰 요트를 갖게 될 테니 말이죠.

음악을 만듦으로써 자신을 드러내고 그리하여 본인이

많은 것을 얻고 있다면, 세상은 여러분이 무엇을 하고 있는지 듣기 시작할 것이며 마침내는 여러분의 음악에 반응할 거라고 저는 생각합니다. 무엇보다 자기 작품을 우선시하는 것이야말로 자신의 재능을 사용하는 가장 좋은 방법이라고 믿기 대문입니다.

자기계발서처럼 말하려는 것은 아니지만, 이 점은 꼭 전하고 싶습니다. 저는 송라이팅을 통해서 저 자신을 압도적으로 행복한 사람으로 만들어주고 세상에 더 잘 대처하도록 해주는 무언가를 찾게 되었습니다. 그렇다면 제가 발견한 이 무언가를 재능의 수준과는 관계없이, 창의성을 얼마나 타고났는지와는 상관없이 누구에게나 전할 수 있을까요? 그것은 가능할까요? 저는 가능하다고 봅니다. 제 이야기로 여러분이 확신을 가진다면 좋겠습니다.

### 사랑하니까 하는 겁니다

사랑을 위해 창작을 하세요. 곡 쓰기의 실질적 기법에 관한 이야기로 넘어가기 전에 제가 마지막으로 전하고 싶은 말은 바로 이것입니다. 뭔가 대단한 것을 만들겠다거나 유명해질 수 있는 일을 하겠다는 생각은 멈추세요. 어릴

　　　　　　　　　　**6 노래를 만들면 얻게 되는 것**

적 바닥에 앉아 그림 그리던 때를 떠올려 보고, 그 이상의 생각은 버리세요. 그때는 그림을 그리는 일에만 완전히 몰입했을 것이고, 스스로 그림을 그렸다는 사실이 기뻤겠지요. 그림이 얼마나 훌륭했는지와는 관계없이 그것은 벽에 붙어 있었을 겁니다. 부모님이, 주변 사람들이 여러분을 사랑했으니까요. 그리고 우리는 그들이 우리에게 해주었던 것처럼 스스로에게 다정해질 수 있습니다.

어쩌면 누군가는 여러분이 그린 그림을 싫어했을 수도 있고, 그걸 실제로 여러분에게 얘기했는지도 모릅니다. 어느 시점부터 사람들은 우리를 판단하기 시작하고, 우리 또한 스스로를 판단하게 되지요. 하지만 중요한 건, 그렇다고 그것의 가치가 사라지는 것은 아니라는 사실입니다. 크레파스를 손에 쥐고, 펜을 잡고, 기타를 손에 들어보는 일의 가치 말이죠. 이 일들에는 정말로 많은 가치가 담겨 있습니다. 앞으로 우리가 접하게 될 그 어떤 비판보다도 훨씬 더 큰 가치가요.

다른 사람의 말이나 평가 때문에 내가 사랑하던 것에서 멀어지는 일이야말로 우리의 큰 문제 중 하나입니다. 우리가 사랑하는 것에서 멀어지고, 우리 자신을 사랑하는 일에서 멀어지는 일은 불행히도 매우 쉽게 일어납니다. 냉혹한 세상에서 아이가 상처받을까 두려워하는 부모들은 때로 세상이 우리에게 얼마나 관심이 없는지, 세상이 우리와 우리가 하는 일을 얼마나 사랑하지 않는지 강조하며 자기만의 방식으로 아이를 가르치려고 들지요. 잘못된 일입니다. 아이들에게 그렇게 해서는 안 돼요.

우리가 여기서 이야기하고 있는 주제는 다음의 견해와도 연관이 있을 겁니다. 재능은 매우 드물고, 모든 사람이 재능을 가진 것은 아니라는 견해 말예요. 저는 이 말이 진실인지 잘 모르겠습니다. 진실이 아니라고 믿고 싶고요. 저는 누구든 자신의 꿈과 열망을 추구할 수만 있다면 그것에 대한 재능을 가질 수 있다고 믿고 싶습니다. 타인을 즐겁게 해주는 재능을요. 제가 보기에 인간은 저마다 무언가에 재능을 가진 것 같거든요.

저는 여러 면에서 후발 주자였고, 베테랑 연주자와도 거리가 멀었습니다. 노래 실력이 뛰어나지도 않았고, 집중력이 떨어져 학교생활도 잘하지 못했어요. 하지만 저는 음악에 빠져 있었습니다. 음악에 대해서만큼은 어린아이 같은 열정을 품을 수 있었고, 그 점을 저는 지금도 감사하게 생

          **6 노래를 만들면 얻게 되는 것**

각합니다. 저는 제가 이런 기분을 느낀다는 것이 정말 좋습니다. 제게 여전히 더 잘할 여지가 있다고 느껴지는 것도 좋고요.

제가 운이 좋다는 것을 압니다. 저는 더 이상 음악이 어렵지 않고, 이제는 음악에 관해서 그리 걱정하지 않습니다. 자리에 앉으면 무언가가 나올 것이고, 그렇게 탄생한 것이 나를 포함한 그 누구에게도 해를 끼치지 않으리라는 걸 알기 때문입니다. 대부분의 경우엔 '세상에! 어디서 이런 곡이 나왔지?' 하고 생각할 테고요. 그러나 저는 그 모든 결과물이 어디서 왔는지 알고 있습니다. 그것들은 여전히 나로부터 나온 것들이지요. 너무나도 감사한 마음이 듭니다. 사람들이 저의 이런 감정을 좋지 않게 생각할까 봐 마음을 표현하기 어려울 때도 있지만, 이 모든 것에 무한한 고마움을 느끼는 건 사실입니다. 그리고 바로 이것, 이 감사함의 감정이야말로 제가 여러분과 함께 누리고 싶은 것입니다. 여러분도 이 감정을 꼭 느껴보았으면 좋겠습니다.

# 2부

# 7

# 작사의
# 시작

## 단어는 음악입니다

자, 이제 여러분의 한 곡, 지금까지 우리가 이야기해 온 그 한 곡 만들기를 본격적으로 시작해 볼 시간입니다. 제가 노래를 만들 때 매일 한다고 했던 세 가지를 기억하시나요? 저는 그 각각을 순서대로 다뤄볼 생각입니다. 곡 쓰기를 반드시 특정한 순서나 선형적인 방식으로 해야 한다는 법은 없지만, 여기서는 그와 같은 과정을 따를 것입니다. 먼저 단어들의 음악성에 대해 중점적으로 생각해 보고, 멜로디와 연관된 가사들을 분절적으로나마 써보는 것으로 시작해 보지요.

왜 단어일까요? 저는 모든 단어가 자기만의 음악을 갖고 있다고 생각합니다. 또 그 음악과 더불어 단어들의 표면 아래에는 더 많은 말과 의미의 세계가 담겨 있다고도 생각하고요. 시詩는 단어들의 문이 열릴 때 발생하는 것입니다. 시의 세계로 들어서면, 단어들이 품고 있던 세상이 눈에 들어오고 단어들 뒤에 숨겨져 있던 음악이 귀에 들려옵니다. 노래도 마찬가지예요. 순서만 다를 뿐 비슷한 경험을 선사하죠.

실제로 노래와 시는 매우 비슷한 이유로 제 마음속에 존재합니다. 인류가 생겨난 이래 오랫동안 노래와 시는 같은 것이었고, 그 둘은 역사적 사건들과 사람들을 기억하기 위해 존재했을 겁니다. 저는 시가 사람들이 필요로 했기에 생겨났다고 생각합니다. 시가 없이도 적거나 기록하기가 수월했다면, 시는 존재하지 않았을 거라고 말이죠. 그러나 우리는 시가 필요했습니다. 아마도 부분적으로는 우리가 그 당시에 무언가를 기록할 수 있는 적절한 수단이 부족했기 때문일 거고, 한편으로는 우리가 기억의 오류 가능성을 이해했기에 음조로 암기하는 법을 만들었던 게 아닐까 싶습니다. 실제르 성조를 가진 언어도 존재하지요. 혹시 알파벳순으로 무언가를 떠올려야 할 때 속으로 ABC 노래를 부른 적이 있지 않나요? 그건 부끄러운 일이 아닙니다. 저는 소리를 내어 노래하지 않으면 제가 쓴 가사조차 기억해 내지 못할뿐더러, 기타가 없으면 멜로디 라인을 기억하기 위해 손을 연주하듯 허공에 휘저으며 고군분투합니다.

저는 언어학자도 아니고, 이런 내용에 그리 전문적이지는 않습니다. 하지만 단어들의 깊은 곳에 원초적인 음악성이 내재한다는 이야기는 제게 설득력 있게 들립니다. 이는 한 단어 옆에 다른 단어를 놓아보면 더 명확해지기도 합니다. 우리 귀에 그것이 들리든 들리지 않든 단어 안에는 음악이 어느 정도 존재한다고 저는 생각하고, 이것은 우리의 출발점이 될 것입니다. 단어를 노래의 기본적인 구성 요소로서 듣고 받아들일 수 있도록 우리의 귀를 훈련해 봅시다.

### 작곡과 작사, 어느 쪽이 먼저인가요?

노래를 만들 때 제가 가장 많이 받는 질문은 "음악과 가사 중에 어떤 걸 먼저 작업하나요?"입니다. 이 질문에 대한 저의 대답은 "둘 다인 동시에 둘 다가 아닙니다."인데, 이 말이 질문을 회피하거나 젠체하려는 의도는 아님을 분명히 해두고 싶습니다. 저 대답으로 말하고자 하는 건, 단어를 소리와 음악으로서 받아들일 뿐 아직 의미로서는 생각하지 않는다는 것입니다. 이것이 제가 노래를 창작할 때 사용하는 방식이자 제가 좋아하는 작업 과정입니다.

그러니 여기서는 자아와 의미에 자꾸만 집착하는 뇌를 잠시 내려놓기 위해 제가 사용하는 몇 가지 요령과 연습법에 대해 알아보겠습니다. 단어들이 음악이 되도록, 작은 단어 하나하나가 강력한 힘을 가질 수 있도록 시도해 보는 것이죠. 그러곤 그것들의 자리를 조금씩 옮겨보는 겁니다. 이러한 연습과 요령을 통해 여러분이 오직 단어들만으로 예상치 못한 음악적인 무언가를 만들어내거나 전혀 새로운 방식으로 단어를 바라볼 수 있게 된다면 성공적일 것입니다. 저는 이 모든 것이 송라이팅이라고 생각하고, 이 모든 것이 시라고 생각합니다. 이 모든 것은 우리가 여기서 무엇을 하고, 무엇을 이야기하며, 무엇을 만들어내는지와 관련이 있습니다.

## 언어에 다시 시동 걸기

저는 여기서 소개하는 모든 연습이 언어에 새롭게 시동을 거는, 그리하여 다시 시작하는 하나의 방법이라고 생각합니다. 이를 달리 비유하면 우리의 언어 습관을 둘러싼 우회로를 걷는 일이라고도 할 수 있겠지요. 우리는 저마다 특정한 방법으로 의사소통을 하려는 경향이 있고, 그래서 평소 이야기하는 방식대로 음악을 듣는 것은 오히려 힘든 일이 될 수도 있습니다. 이제부터 등장할 연습법은 우리의 언어와 뇌를 유연하게 함으로써 더욱 인상적인 단어들을 남길 수 있게 해주는 꽤 유용한 방법이 되어줄 것입니다. 우리의 사고방식과 의사소통 방식은 경직되기 쉽고, 단어들은 과도한 관심을 받으면 되레 밖으로 튕겨 나가곤 합니다. 이는 일상적인 의사소통에서는 일어나도 괜찮은 자연스러운 일이지만, 노래를 만드는 관점에서는 다른 문제가 됩니다. 우리는 언어를 그러한 욕망으로부터 해방시키고 아름다움과 고통, 그 외 일상 언어의 내면에 숨어 있는 모든 것까지 밖으로 드러내기 위해 의도적으로 노력할 필요가 있습니다.

단어들이 갑자기 나타나 우리의 관심을 끌고 세상 모든

존재가 얼마나 흥미로운지 상기시키게끔 만들어보는 건 어떤가요? 곡을 쓰고자 하는 여러분에게는 평소에 단어를 사용하는 방식보다 더욱 생생한 방식으로 언어를 사용하도록 스스로 도전해 볼 책무가 있음을 잊지 않았으면 좋겠습니다.

## 단순한 언어 사용의 장점

제가 하는 이야기가 어휘력을 늘리는 일에 관한 것은 아니라는 점을 강조하고 싶습니다. 물론 어휘력 향상은 자기계발이라는 측면에서 좋은 일입니다. 그러나 화려한 다음절 단어들은 가사를 더 좋은 쪽으로 만들어주지 못할뿐더러 오히려 우리가 음악을 듣는 동안 멜로디가 선사해 주는 마법을 깨트리기도 합니다. 이를테면 "이 노래에 '다량의 plethora'라는 단어를 끼워 넣으려고 얼마나 오랜 시간을 고민했을까?"와 같은 생각이 드는 것이죠. 제가 좋아하는 송라이터 대부분은 평범하고 단순하며 적확한 언어를 의식적으로 고수하면서도 곡이나 멜로디 안에서는 평범하지도 단순하지도 않은 방식으로 단어를 사용합니다. 어렵거나 화려한 언어를 거의 사용하지 않았던 존 프린John Prine

같은 송라이터가 좋은 예지요. 그가 화려한 단어를 썼을 때조차 자신이 똑똑하거나 시적으로 보이고 싶어서라기보다는 이야기와 노래 자체에 꼭 필요해서였다고 저는 생각합니다.

앞에서 인용했던 빌 캘러핸의 가사를 다시 빌려와 보자면, 우리는 강에 대해 계속 얘기할 수도 있지만 그냥 강으로 들어갈 수도 있습니다. 두려워할 것은 전혀 없습니다. 제가 충분히 강조하지 않았나요? 창조적인 시간을 보낼 때 일어날 수 있는 최악의 상황이라 해봤자 별것 없다는 것을요. 곡을 쓰다가 막히는 데서 오는 가벼운 좌절감을 제외하고는 창작에서 나쁜 결과란 거의 떠올릴 수 없습니다. 반면에 그 보상은 끝이 없지요. 제 말을 믿지 않아도 괜찮습니다. 우리는 삶을 살아내고 대처하는 데 노래가 도움을 준다는 사실에 대한 수천 년간의 증거를 갖고 있으니까요. 그리고 노래는 우리가 인간이 되는 법을 가르쳐줍니다. 이 풍요로운 인간 활동에 참여하는 일은 모두 여러분에게 달려 있습니다. 끝없이 흐르는 노래의 강, 거기에 여러분의 목소리를 더하는 일은요. 아무도 익사하지 않습니다. 뛰어드세요.

　　　　　　　　　　　　　　　　　**7 작사의 시작**

# 8

# 첫 번째 연습:
## 쉬운 말로
## 시 쓰기

앞서 말한 것처럼, 제가 여기에서 제안하는 연습들은 우리가 언어를 사용하는 습관적인 방식을 느슨하게 만들기 위한 것입니다. 우리가 대화하고 소통할 때 기계적으로 취하게 되는 지름길을 버리기 위한 것이기도 하고요. 그럼으로써 언어를 새로운 시각으로 바라보고 그렇게 작사의 첫 단계로 진입하는 것, 그것이 우리의 목적입니다.

일상 언어의 범위를 좁히는 방법 중 하나는 우리가 평소에 사용하는 대화 패턴에서 좀 더 예상 가능하고 다루기 쉬운 단어들을 뽑아내 조합하는 것입니다. 여를 들어볼까요? 우리는 같은 뜻의 명사와 동사를 같이 사용하는 경향이 있습니다. 명사를 강조하기 위해 같은 뜻의 형용사를 사용하기도 하지요. 그런데 저를 가장 흥분시키는 건 명사와 명사의 조합입니다. '박수 약간smattering of applause'[1]과 같이요. 사실 'a smattering of'는 이것 말고 다른 조합으로는 거의 듣기 어려운 관용적 표현이죠. 하지만 '치아 약간smattering cf teeth'이나 '심장 박동 약간smattering of heart-beats'과 같은 표현은 둘 다 매우 의미심장한 조합이어서 듣는 순간 즉시 마음속에 어떠한 이미지를 형성합니다.

조금 기초적인 내용을 더하자면, 부사와 형용사의 조합을 피하라는 것은 모든 면에서 유익한 글쓰기 팁일 겁니다. 굳이 '개가 크게 짖었다'라고 말할 필요가 없지요. '크게'를 덧붙이는 순간 '짖었다'라는 단어가 조용해지니까요.

우리는 종종 가장 친한 친구나 가족이 우리의 말을 대신 끝내거나 무슨 말을 하려는지 예측할 수 있을 만큼 똑같은 표현을 반복합니다. 의사소통을 더욱 효율적으로 만들기

---

1 'smattering of applause'는 청중의 일부만 가볍게 박수를 치는 상황을 묘사하는 표현이다.

  **8 첫 번째 연습: 쉬운 말로 시 쓰기**

위해 저마다 어느 정도 일정한 패턴을 통해 말하는 것이죠. "소화기가 어디 있나요?"라고 물음으로써 상대방이 이해하는 것이 중요하지, "말해주세요. 제가 어떻게 해야 곧 불타오를 아침 식탁의 붉고 반짝이는 구세주에게 손을 댈 수 있을까요?"와 같은 문장을 발명해 내는 것이 중요하진 않을 테니까요. 클리셰는 유용할 수 있고, 때로는 꼭 필요할 수도 있습니다. 그렇다면 우리는 그것을 좀 더 신선한 맥락에 배치하거나 반복을 통해서 더욱 흥미롭게 활기를 불어넣고 비트는 등 노래의 더 큰 구성 요소로 사용할 수도 있지 않을까요?

그럼 일단 몇 가지 기본적인 내용부터 시작해 우리가 어떤 재미있는 것들을 만들어볼 수 있을지 알아보겠습니다. '의사'와 관련된 동사를 열 개만 떠올린 뒤 그것들을 한 페이지에 적어보세요. 그런 다음 그 옆에는 지금 여러분의 눈에 보이는 주변 사물들의 명사 열 개를 적는 겁니다.

| | |
|---|---|
| 검사하다 | 쿠션 |
| 때리다 | 기타 |
| 지시하다 | 벽 |

듣다　　　　　　　　　　　　　　　　　　　　턴테이블

쓰다　　　　　　　　　　　　　　　　　　　　햇빛

살펴보다　　　　　　　　　　　　　　　　　　창문

만지다　　　　　　　　　　　　　　　　　　　카펫

기다리다　　　　　　　　　　　　　　　　　　드럼

청구하다[2]　　　　　　　　　　　　　　　　　마이크

치유하다　　　　　　　　　　　　　　　　　　전구


이제 연필을 꺼내 선을 그어 통상적으로 함께 쓰이지 않는 명사와 동사를 연결해 보세요. 저는 이 방법을 가사 쓰는 데만 사용하는 것이 아니라 단어의 의미를 고민하거나 저의 시적 능력을 판단하지 않고서도 제가 얼마나 많은 단어를 가지고 놀 수 있는지 스스로 상기시키기 위해 사용하기도 합니다. 그럼 위의 단어들을 최대한 모두 사용해서 짧은 시 하나를 만들어볼까요?


듣고 있는 창문 곁에서


2　'charge'에는 '충전하다'라는 뜻도 있다.


　　　　　　　　**8 첫 번째 연습: 쉬운 말로 시 쓰기**

드럼은 기다린다

햇빛은 쿠션 위에

지시받은 대로

글씨를 쓰고

마이크를 때린다

기타는 치유받는데


전구 하나가 카펫을 검사하고

살펴보는 동안

턴테이블이 만져지는 걸 보라

벽을 충전하면서


좋아요. 여태껏 쓴 가장 위대한 시는 아니지만 아마 최악의 시도 아닐 겁니다. 노래로 부르기에는 어려울 수 있고, 이해하기에도 말이 되지 않을 수 있지만, 저는 이미 마음에 드는 몇몇 장면이 머릿속에 그려집니다. '햇빛이 글씨를 쓴다'라는 표현은 미스터리와 단서로 가득한 숨겨진 세계를 떠오르게 하고 자연 세계가 의도를 품고 뭔가를 알려주려는 것인지도 모른다는 생각을 암시하지요. 저는 이러한 연습이 평범하고 잘 닦인 언어의 길에서 벗어나고픈 욕구를 느낄 때 대부분 효과가 있음을 깨닫곤 합니다.

그럼 이 연습을 어떻게 하면 좀 더 노래 같은 것으로 만들 수 있는지 알아볼까요? 여기서부터는 조금 전까지 지켰던 모든 규칙을 완화할 수 있으니, 보다 이해하기 쉬운 문장들이 떠오르도록 해보겠습니다. 이 시 혹은 가사를 위해 앞서 써본 첫 번째 시에서 원하는 구절을 가져올 수도 있지만, 이제는 원래 목록의 모든 단어를 사용할 의무가 없습니다. 명사를 명사로, 동사를 동사로 사용하는 것조차 고집하지 않을 거고요.

햇빛이 러그 위에 글을 써 내려가고
드럼은 창턱 옆에서 기다리고 있어
벽에 꽂혀 충전 중인 앰프를 통해
내 기타는 치유되었고
하지만 그게 전부는 아니야
난 늘 사랑에 빠져 있지 I'm always in love

어떤가요? 여전히 조금 어색하지만, 문장과 단어가 관

   **8 첫 번째 연습: 쉬운 말로 시 쓰기**

심을 유발하여 뇌를 자극하기에는 충분하지 않나요? 그리고 이러한 생각은 우리가 가사를 쓸 때, 적어도 가사의 일부라도 쓸 때 품고 있으면 좋을 마음가짐입니다.

여러분 중 누군가는 마지막 행이 익숙하다는 점을 눈치챘을 수도 있겠네요. 저는 멜로디를 함께 떠올리면 가사 쓰기가 얼마나 편해지는지를 이 연습을 통해 보여주고 싶었고, 그래서 새로운 멜로디를 생각해 내는 대신 윌코의 노래 〈I'm Always in Love〉를 사용해 보았습니다. 혹시 이 노래를 안다면 여러분이 쓴 가사를 이 곡의 한 소절에 대입해 불러보세요. 이렇게 한다고 해서 가사가 더 근사해지지는 않겠지만, 단어들을 멜로디와 결합해 생각해 보는 방식이 어떤 느낌인지는 알 수 있을 테니까요. 그리고 이것은 다음 장에서 다룰 연습법의 기본 개념이기도 합니다.

# 9
# 두 번째 연습: 책에서 단어 수집하기

이 연습은 가사가 될 언어 조각들로 시작한다는 점에서 첫 번째 연습과 비슷합니다. 다만 좀 더 자유로운 형식을 따를 텐데, 우리가 평소에 사용하는 어휘들의 지루함에서 벗어나 새로운 단어를 찾는 데에는 분명 실질적인 도움이 될 것입니다.

제가 앞의 챕터에서 〈I'm Always in Love〉라는 곡을 활용했던 것처럼, 어떤 멜로디를 하나 떠올려 보세요. 이 과정을 위해 멜로디를 새롭게 만들 필요는 없습니다. 책을 펼쳐 아무 페이지나 훑어보면서 그냥 아무 멜로디나 계속 흥얼거리면 됩니다. 읽고 있는 책의 내용을 이해하려고도 하지 마세요. 멜로디에 집중하면서 그저 페이지의 단어들을 눈으로 스치듯이 훑어보는 걸로 충분합니다. 그러다 보면 정신이 적당한 상태에 접어들었을 때 단어들이 문득 튀어나와 멜로디에 달라붙을 겁니다. 그렇게 채집된 단어들에 (가능하다면 형광펜 같은 걸로) 표시를 해놓고, 계속해서 흥얼거리는 멜로디의 맥락에서 괜찮게 들리는 단어들을 수집해 나가면 됩니다.

이 연습은 스스로에게 도움이 되기까지 얼마간의 시행착오가 필요할 수 있지만, 저는 이 방식을 무척 좋아하는 편입니다. 제 자아를 운전석에서 멀리 떨어진 뒷좌석에 단단히 고정시킨 뒤 언어나 단어를 창작의 길 앞에 놓이도록 강제하는 방식이기 때문입니다. 그러면 저는 언어와 단어들이 마치 다른 장소에서 온 것마냥(실제로 다른 곳에서 온 것이기도 하지요) 그것들을 자유롭게 탐색해 볼 수 있게 됩니다.

가끔은 모든 것을 제자리에 고정해 주는 닻과 같은 단어가 있으면 더 쉬워지기도 합니다. 가령 책을 훑어보다가 갑자기 나타난 '카타스트로피catastrophe, 재앙'라는 단어가

콧노래를 부르던 멜로디의 어느 한 부분과 어울린다고 가정해 봅시다. (그나저나 아름다운 단어입니다. 카-타-스트로-피. 내적인 운율도 있고 선율적인 움직임도 많은 단어지요.) 그 자체로 음악적인 순간이라 할 수 있을 겁니다. 또한 이 단어와 연결 지을 만한 간음절 단어들도 찾기 쉬울 테고요. 이를테면 "재앙이라고 하지 않겠어요?Wouldn't you call it a catastrophe?"처럼 말이죠.

하지만 아직 그렇게 깊이 파고들 필요는 없습니다. 뭐가 됐든 닻이 되는 단어를 일단 적고 나서 거기에 운율이 맞는 단어를 찾을 수도 있고, 아니면 운율 사전[1]을 꺼내어 (혹은 인터넷에서 '카타스트로피 + 운율' 식으로 검색하여) 짝이 될 만한 흥미로운 단어를 찾아볼 수도 있겠지요. 자신도 모르는 사이에 처음에 썼던 글과는 관련 없는 이야기가 떠오르기 시작할지도 모르고요. 어찌 됐든 이 연습이 마법을 부리는 순간부터 여러분은 그 과정에서 주어지는 것을 따라 만족스러운 결론에 도달할 수 있을 것입니다. 예를 들면 이렇게요.

---

1  rhyming dictionary. 시나 가사를 쓸 때 도움이 될 수 있도록 운율에 따라 단어를 배열해 둔 사전.

    **9 두 번째 연습: 책에서 단어 수집하기**

재앙이라고 하지 않겠어요?
보고 싶은 사람과 멀리 떨어진
이곳만 아니면 그 어디라도 좋겠다는
마음을 확인한 순간이야말로

아니면 멈추지 말고 계속 진행하는 것도 하나의 방법입니다. 멜로디를 흥얼거리며 계속 글자들을 훑어나가면서 일반적인 노래에 필요한 양보다 더 많은 가사 조각이나 아이디어를 모아두는 겁니다. 마음에 드는 가사와 단어를 더 쉽게 떠올릴 수 있도록 시간이 날 때마다 자주, 많이 해두는 게 중요하다고도 말하고 싶습니다. 필요한 양보다 더 많은 가사를 쓴다고 해서 노래가 나빠지지는 않으니까요. 때론 자신이 쓴 가사가 모두 맘에 든다고 해도 작업 중인 곡에 넣지 못하는 경우가 생깁니다. 그렇다고 해서 사용하지 못한 가사를 버려야 하는 건 아니지만요.

이런 작업 과정을 통해 제가 적어두었던 가사 노트를 한번 살펴볼까요. 일례로 헨리 밀러Henry Miller의 책에서 저는 "벌새처럼 우두커니 서 있다Stand still like the humming-bird"라는 구절을 찾아 적어놓았었고, 이 문장은 윌코의 인

기곡 중 하나에 영감을 주었습니다. 이 가사 노트에는 제가 정말로 좋아한 문장들도 있고, 결국에는 사용하지 않은 글도 있지요. 특히 오래전에 단어를 수집하며 흥얼거렸던 멜로디가 기억에서 흐릿해진 뒤 그때 썼던 글들을 다시 들여다보는 일은 생각보다 꽤 도움이 되곤 합니다. 이 시기는 무언가에 전념하기보다 그저 블록을 쌓고 있는 단계라고 보아도 무방할 것 같습니다.

물론 이 연습을 하는 동안에 만들고 싶은 노래의 곡조나 아이디어가 떠오를 수도 있습니다. 원한다면 무엇이든 할 수 있습니다. 하지만 이 특별한 가사 쓰기 연습을 할 때는 가급적이면 멜로디에 관한 아이디어가 먼저 떠오르지 않도록 하는 편이 좋습니다.

저는 이 연습을 오랫동안 해왔고, 그래서 저희 집에 있는 책 대부분에는 형광펜으로 색이 칠해져 있습니다. 어쩌면 사람들은 제 서가에 있는 책 몇 권을 집어 들고서 이렇게 생각할지도 모르겠습니다. '이 책이 굉장히 흥미로웠나 보네. 무엇 때문에 《영지주의 복음서Gnostic Gospels》라는 책을 이토록 열심히 공부했는지 궁금한걸.' 아니, 그런 게 아니에요…. 단지 그 책에 실린 그 단어들이 맘에 들었을 뿐인걸요….

    **9 두 번째 연습: 책에서 단어 수집하기**

# 10

# 세 번째 연습: 잘라내고 옮겨보기

이 연습은 앞서 소개한 두 가지 연습법 중 하나에 추가하면 좋을 방법입니다. 밋밋하고 생기 없는, 빤한 느낌의 가사에 활력을 불어넣을 만한 기술이기도 하지요. 이 연습을 위해선 기본적으로 미리 써놓은 글이 있어야 합니다. 우선 지금까지 여러분이 써온 시들을 골라 노트에 적어보세요. 프린터가 있다면 행 간격을 넓게 해서 인쇄를 해도 좋습니다. 어떤 방법일지 대강 눈치를 채셨나요? 이 잘라내기 기술에는 가위가 필요합니다. 가위를 쓰지 않는다면 종이를 균일하게 찢어낼 줄 아는 손기술이 필요할 테고요. 가장 쉬운 방법은 행간을 잘라내는 것이겠지만, 단어와 단어 사이, 구절과 구절 사이를 잘라도 마찬가지로 흥미로운 결과를 불러올 수 있습니다.

일단 글을 잘라내면, 떨어져 나온 그 조각들을 뒤집어 놓고서 행과 단어, 구절 등을 무작위로 뽑습니다. 모자 같은 것에 글 조각들을 넣어 섞어도 좋습니다. 그렇게 무작위로 조각들을 선택하여 한 편의 시를 구성한 뒤, 그걸 훑어보며 예상치 못했던 놀라움을 찾아보면 끝입니다. 저는 감동받거나 미소 짓게 되는 구절들의 조합을 최소 하나 이상은 이 방법을 통해 거의 항상 발견하곤 합니다. 잘라낸 조각들을 사용하는 또 한 가지 방법은, 그것들을 무작위로 연결하지 말고 이동이 가능한 언어 모듈로 활용하는 것입니다. 행과 구절의 순서나 체계를 재구성해 보는 단순한 촉각적 경험을 통해 자신이 쓴 글이 얼마나 더 생생해질 수 있는지 알게 되는 일은 언제나 흥미롭습니다.

이 방식은 당연히 제가 창안한 것이 아닙니다. 송라이팅에 있어 이 같은 방법의 유용성을 전파한 최초의 사람도 제가 아니고요. 사실 언어를 사용하는 방식을 바꿔보라고 종용하는 일은 자칫 과하게 느껴질 수도 있다고 생각합니다. 또 누군가는 이런 초현실주의 유형의 기법이 단순하고 솔직한 가사 쓰기 방식으로는 적합하지 않다고 생각할 수도 있습니다. 만약 여러분이 그렇게 느낀다면, 아니 설사 그렇게 느낀다고 해도 저는 여러분에게 이 연습법을 일단 시도는 해보라고 간청해야 할 의무감을 느낍니다. 한 가지 분명한 건, 이 방법을 통해 가장 많이 바뀌게 된 제 노래들은 대부분 가장 평범하고 직설적인 곡이었다는 사실입니다.

예컨대 윌코의 〈An Empty Corner〉라는 곡의 가사는 처음엔 이런 순서였습니다.


꿈의 빈구석an empty corner에서
내 잠은 끝나지 않아
복사기에 남겨진 것은
여덟 줄의 코카인


그러나 때로는 벌스의 마지막 행을 첫 부분으로 가져오는 것만으로도 이전 위치에서는 잘 감지되지 않았던, 멜로디를 위해 희생이라도 하듯 음악적 무게에 가려져 있었던 더 생생하고 진실된 무언가가 드러날 수 있습니다. 이렇게요.

여덟 줄의 코카인이
복사기에 남겨졌고
꿈의 빈구석에서
내 잠은 끝나지 않아

이 버전이 더 강력한 데다 전반적인 느낌도 한결 나아서, 애초에 다른 순서로 이 노래를 부르려고 했다는 사실을 믿기 어려울 정도입니다. 출생 순서가 자매나 형제의 성향에 미치는 중요성에 관한 복잡한 비유를 왠지 들어보고도 싶지만, 거기까지는 가지 않는 게 좋겠지요…. 제가 하고 싶은 말은, 시간을 들여 본인이 선택한 단어들을 가지고 놀아보라는 것입니다. 단어들이 말하려는 모든 것을 표현하고자 하지 말고, 그 단어들을 이해해 가는 즐거움을 느껴보세요. 그렇게 해서 얻게 된 글은 명백히 여러분의 것이고, 그 결정의 과정 또한 여러분의 것입니다.

여기에 완전한 우연이란 없습니다. 적어도 이러한 작업에 있어서 본인이 의도한 바가 전혀 반영되지 않은 우연이

     **10 세 번째 연습: 잘라내고 옮겨보기**

란 없어요. 작품 안에 작가가 의도하지 않은 것이 있을 수 있다는 사실을 받아들이는 일은 용기 있는 수용적 자세입니다. 그리고 그러한 작가의 작품이야말로 창작자의 의도가 온전히 반영되었다고 주장하는 예술 작품 못지않게 큰 의미와 뛰어난 면모를 지녔다고 저는 생각합니다.

# 11

# 네 번째 연습: 단어들로 놀아보기

이번에는 우리가 앞에서 명사와 동사로 해봤던 연습을 부분적으로 가져와 간단히 변형해 보겠습니다. 그리하여 단어를 기계적으로 반복해서 갖다 붙이는 방식이 어떤 조합을 만들어낼 수 있는지, 특히 형용사를 일반적 맥락이 아닌 색다른 맥락의 명사들과 이어 붙여 비틀고 왜곡하면 어떤 해방감을 느낄 수 있는지도 알아보도록 하지요.

앞서 말했듯, 형용사와 부사의 남용은 단조롭고 정적인 가사를 만들어내기 쉬우므로 가급적 피하는 편이 좋습니다. 물론 형용사를 많이 사용해서 멋진 글을 써내는 사람들도 있습니다. 제가 밥 딜런을 연구하며 깨달은 것 중 하나는, 그는 (자기처럼 글을 쓰려고 애쓰는 사람들에 비해) 그런 규칙에 얽매이지 않고서 원하는 만큼 형용사를 양껏 사용할 수 있다는 사실이었습니다. 저는 그것이 밥 딜런이기에 가능한 일이라 생각하고요.

아마도 모든 종류의 글쓰기에 있어 공통의 문제일 텐데, 쓰는 입장에서 조심하지 않는다면 형용사의 남용은 걷잡을 수 없는 지경에 이를 수도 있습니다. 형용사를 쓴다고 시적인 글이 되지는 않거든요. '참을성 없이 불타는 빨간 구체가 위스키처럼 흐릿하고 솜털같이 보드라운 파란 하늘에 피어올랐다'라는 문장은 저에게 있어 '나는 대낮부터 취해 있었다'라는 문장만큼 강렬하게 다가오지는 않습니다. 그러니 전자의 방식은 우리 대부분에게 그다지 현명한 선택이 아닌 것 같습니다. 그런데 이상하지 않나요? 더 선명하고 구체적인 이미지를 그려내고자 단어를 추가했는데 드러내려는 이미지가 되레 흐릿해지다니요. 문제의 핵심은, 모호한 동사나 명사를 정확한 언어로 대체하기보다 그 단어들을 어떻게든 형용사로 꾸며보려고 할 때 생긴다는 것입니다. 찾아보면 좋은 단어는 참 많은데 말이죠.

'나는 카운터 뒤에 서 있는 아주 거대한 남자 때문에 극도의 두려움을 느꼈다'와 '계산대에서 일하는 거인을 보고 얼어붙었다'를 비교해 보세요. 어떤 문장이 더 흥미롭고 생생한지는 꽤 분명하다고 생각합니다.

그럼 다시 형용사와 명사로 (혹은 원한다면 부사와 동사로) 돌아가 볼까요. 아래는 우주와 관련된 열 개의 형용사(형용사적 표현)와 지금 제 머릿속에 떠오른 열 개의 명사입니다.

| | |
|---|---|
| 순환하는 | 사다리 |
| 멀리 떨어진 | 키스 |
| 고대의 | 딸 |
| 후광이 비치는 | 손 |
| 차가운 | 수영장 |
| 광활한 | 여름 |
| 밝은 | 잔디 |
| 얼어붙은 | 친구 |
| 고요한 | 불 |
| 영원한 | 창문 |

  **11 네 번째 연습: 단어들로 놀아보기**

얼어붙은 사다리 위

멀리 떨어진 손이

밝은 창문을 타고 오르네

후광이 비치는 딸이

순환하는 여름을 보내는

고요한 잔디 옆에서

광활한 수영장은 기다리고

고대의 불에서 벗어난

어느 영원한 친구로부터의

차가운 키스 한 번


다시 말씀드리지만, 완벽한 시라고는 할 수 없습니다. 하지만 완성하는 데 15분 정도밖에 걸리지 않았고, 여기서 떠오른 몇몇 이미지는 정말 흥미롭다는 생각이 듭니다. 실제로 제가 최근에 작업하고 있던 곡을 완성하는 데 필요한 몇 가지 표현도 찾았고요. 설령 여러분이 송라이터가 되지 않더라도, 가끔 이런 방식으로 앉아서 단어를 가지고 놀아보는 것은 뜻밖의 위로가 될 수 있을 겁니다.

저는 이 같은 연습을 할 때마다 우리의 손끝에 얼마나

많은 아름다움이 깃들어 있는지 새삼 느끼곤 합니다. 또한 창작이라는 일이 반드시 내가 창조자의 역할을 해야 하는 건 아니라는 사실도 절감합니다. 이런 연습에 임할 때면 저는 제 창의적 본성을 드러내는 활동에 적극적으로 참여하고 있는 기분이 들고, 그럼으로써 세상에 더 많은 의미가 존재하기를 바라는 욕망과 몰랐던 존재에 대한 갈망을 드러내는 일에도 참여하고 있는 듯한 기분에 휩싸입니다. 태어나면서 목격했던 아름다움을 다시 발견하는 느낌과 더불어 말이죠.

# 12

# 다섯 번째 연습: 대화 가져오기

이렇게 가정해 볼까요. 여러분은 앞서 제가 소개한 연습 과정을 모두 거쳤음에도 여전히 회의적인 상태라고 말이죠. 그런 단어 게임들이 여러분이 원하는 유형의 노래를 만드는 데에는 별 도움이 되지 않으리라 생각하는 겁니다. 그게 아니면 본인의 창작 능력 자체에 대해 의심하고 있는 상태일 수도 있겠지요. 어쩌면 여러분은 자신이 딱히 할 이야기가 없다고, 그런데 곡을 쓰려면 할 이야기가 반드시 있어야 한다고 생각하고 있을지도 모르겠습니다.

그렇지만 저는 분명하게 말할 수 있습니다. 여러분은 엄연한 작가이며 언어의 즉흥 시인이라는 사실을요. 가사로 쓰임직한 문장들이 이미 기존에 만들어진 노래들에 대부분 실렸다고 할지라도, 우리에게는 대화에 사용할 수 있는 모종의 문장들이 있습니다. 완벽하게 독창적이지는 않을지언정 우리 자신에게 중요한 것을 자기만의 방식으로 표현할 수 있는 문장들을 우리는 갖고 있지요.

그리고 이러한 사실은 노래가 곧 대화라는 개념을 우리에게 던져줍니다. 여러분은 주변 사람들과 대화를 자주 나누나요? 친구, 동료, 사랑하는 사람들과의 교류에 열정적인가요? 대부분의 사람은 별다른 준비나 계산 없이 하루 종일 단어를 사용합니다. 우리는 이 능력을 당연하게 생각하고요. 화가 났는데 내 생각을 정확히 전달하고 싶을 때 우리는 적당한 단어를 찾지 못해 더듬거리거나 상대에게 상처가 되는 말을 하기도 하지만 대개는 자신의 요점을 명확히 이해시키곤 합니다.

대화를 통해 의사소통하는 능력은 작사뿐 아니라 작곡에 필요한 기술들과도 분명한 연관성이 있는 것 같습니다. 다만 여기서 중요하고 어려운 점이 있다면, 어찌해야 우리

     **12 다섯 번째 연습: 대화 가져오기**

가 대화 이외의 상황에서 그런 기술을 사용하는 능력에 자신감을 가질 수 있는가 하는 문제일 겁니다. 이를 위한 간단한 연습법이 하나 있습니다. 먼저 대화를 합니다. 어느 정도 쉽게 대화를 나눌 수 있는 사람, 가령 친구나 가족 혹은 일상에서 마주치는 이들에게 여러분의 인생, 여러분의 기분, 여러분이 두려워하는 것 등에 대해 물어봐 달라고 요청합니다. 그러곤 대화를 녹음합니다. 그 녹음본을 시간이 조금 지난 뒤 들어봅니다. 최소한 자신이 한 말은 녹취해서 글로 풀어내 보면 가장 좋겠지요.

자, 이제 그 글을 살펴보세요. 자신이 아무 생각 없이 내뱉었던 말들을 읽어보세요. 여러분은 대화에 있어 솔직했나요? 자신의 답변에 놀라진 않았나요? 여러분이 말했던 문장이 누군가의 노래에서 들었던 것과 비슷하다는 생각이 들지는 않나요? 장담컨대 우리가 이야기하는 방식과 노래가 만들어지는 방식 사이의 어떠한 유사성을 여러분은 알아차릴 수 있을 겁니다. 실로 이것은 언어가 가진 진정한 축복이자 서로 연결되고자 하는 우리의 욕망이 작동한다는 증거이기도 합니다. 누군가에게 사랑한다고 말하고 그 말을 상대방이 믿게 만들 수 있다면, 그것은 여러분이 그만큼 설득력 있는 곡을 쓸 수 있다는 뜻입니다.

아래의 대화와 가사는 우리가 평소에 말하는 거의 모든 것이 어떻게 아이디어 창출의 촉매제로 활용될 수 있는가에 관한 간단한 예시입니다. 이는 제 처남 대니와 나눈 대화의 녹취록을 기반으로 하고 있습니다. 대니는 주로 할리우드에 대해 글을 쓰는 사람이지만 제가 이 책을 준비하는 걸 지켜보며 저의 창작 과정에 흥미를 보이기도 했죠. 참고로 대화 중에서 저에게 특히 유용했던 문구는 진한 글씨로 표시해 보았습니다.

대니: **몇몇** 배우와 **대화를 나눴는데,** 한 사람도 빠짐없이 자신의 작업 방식에 대해선 **대화하고 싶어 하지 않더라고**….

제프: 난 내 작업 방식을 털어놓는 것에 대해선 미신적이지 않은 편이야. 오히려 **대화를** 하는 편이 **마법의 봉인을 깰 수도 있지.** 하지만 자신을 다른 존재로 생각하는 편이 낫다고 생각하는 사람도 있어. 실제로 본인은 그저 전달자에 불과하다고 생각하는 송라이터들도 많

　　　　　　　　**12 다섯 번째 연습: 대화 가져오기**

거든. 자기는 **우주 어딘가에서** 메시지를 받아 전달하는 것뿐이라고 말야. 물론 나는 꼭 그렇게 생각할 필요는 없다고 보지만, 그런 생각이 사람들의 잠재의식에 자리할 수 있다는 사실은 흥미로운 것 같아.

대니: 난 요즘 네가 쓴 첫 번째 책을 읽고 있는데, 그 책에 대해 이야기하는 건 **걱정하지 않아도** 될 것 같아. 중요한 건 자기 자신을 내려놓는 일이니까.

제프: **내가 그로부터 자유롭다고 생각하지는 않아.** 이렇게 이야기하다 보니 **나도** 점점 미신적인 사람이 **되는 것 같네.** 내가 한 번도 작가의 벽writer's block[1]을 경험한 적이 없다고는 말할 수 없을 것 같아. 왜냐하면 그건 내가 내 뇌한테 생각을 바꿔보라고 부추기는 행동일 수도 있으니까. "그런 생각은 하지 말자." 하고 말이야. 하지만 누군가에게는 "작가의 벽이 찾아왔어."라는 말이 자기만족적 예언이라는 생각도 들어. **좋아, 그럼 너는** 자신의

---

1  창작이 잘 이루어지지 않는 상황을 비유하는 말.

글이 좋은지 나쁜지 **궁금해하지** 않고 연필을 집어 들고서 곧장 글을 써 내려간 게 마지막으로 언제야?

대니: 음, **나**에게 '작가의 벽'이란 자의식이라는 **관점에서** 스스로를 속이고 있는 상태를 의미하는데….

그럼 이제 위 대화의 토막들을 모아볼까요?

대화하고 싶어 하지 않는

몇몇과 대화를 나누었어요

우주 어딘가에서는 대화가

마법의 봉인을 깰지도 모르죠

걱정하지 말아요

나는 자유롭지 않은 것 같고

나는 좋아지고 있는 것 같아요

당신의 관점에서

그게 나인지 궁금할 뿐이죠

대화의 한 즈각을 재배치하는 방식만 따져봐도 무수히

   **12 다섯 번째 연습: 대화 가져오기**

많은 선택지가 있을 겁니다. 위의 첫 작업에서 저는 구절의 순서를 변경하거나 운율을 맞추고자 단어를 추가하는 일은 하지 않기로 했습니다. 머릿속에서 관습적으로 떠오르는 말들을 추가하려고 하지도 않았고요. 그럼에도 가사로서 꽤나 흥미롭지 않나요?

그런데 여기서 한 단계 더 나아가, 그러한 '규칙들'을 폐기한다면 어떤 결과가 나올까요? 아마도 이런 결과물이 나올 수 있겠지요.


대화를 원치 않는 몇몇과 대화를 나누었죠
그들은 대화가 마법의 봉인을 깰 수 있다고 생각해요
우주 어딘가에 있는 당신, 걱정하지 말아요
그곳에서 나는 자유롭진 않았지만 좋아졌으니까요
당신이 떠나면서 나는 궁금해지기 시작했어요
알게 될까요 당신은
당신이 보기에 우리 사이에
어떤 차이가 있는지


이 두 편의 시 모두 노래로 부를 수 있을 만한 가사로 보이지만, 두 번째 시에서 규칙을 느슨하게 하니 의미가 한 겹 더해졌습니다.

위의 여는 지극히 평범하고 딱히 열정적이지 않은 대화들로 만들어볼 수 있는 글이지만, 제가 여러분에게 진심으로 권하고 싶은 것은 사랑이 깃든 강렬한 대화입니다. 우리가 갖고 있는 언어를 거슬러 그 너머의 감정을 표현하고 상대에게 나를 이해받고자 애쓰는 그런 대화 말이죠. 저에겐 그런 대화야말로 훨씬 더 노래처럼 느껴지거든요. 그런 소통은 우리의 대화가 무척이나 아름다우면서도 즉흥적인 언어로 가득하다는 사실을 보여줄 겁니다.

수년 전 발표한 제 솔로 앨범에 수록된 〈Guaranteed, 약속〉이라는 곡을 소개해 볼까 합니다. 이 곡은 친밀한 대화일수록 가사 쓰기에 더 적합한 소스가 될 수 있는 이유에 관한 좋은 예시입니다. 또한 우리가 일상에서 실제로 대화하는 방식이 노래를 친근감 있고 공감 가도록 만들기에 충분히 시적이기도 하다는 사실을 알려주기도 하고요. 아래는 제 아내인 수지와 제가 나눈 대화입니다. 기억나는 대로 당시의 실제 대화 내용을 적어보겠습니다.

제프: 당신과 나, 우리가 많은 일을 겪긴 했지.

수지: 맞아, 병원에… 술집에….

제프: 내가 좀 이상한 사람이라 가끔은 정말 힘들었을 거야. 밴드 활동으로 많이 떠나 있기도 했고. 게다가 나는 '보통의' 남자들이 하는 일들도 할 줄 모르니까.

수지: 당신이라는 사람이 쉽지는 않았지.

제프: 그래, 아마도. 하지만 당신 역시 만만치는 않았어. 그러니 어쩌면 우리의 그런 현실이 좋은 출발점이 될 수도 있지 않을까…? 문제가 생겨도 이제는 나아질 여지가 있고, 그럴 가능성이 있잖아. 사랑이란 필요할 때 더 단단해지기도 하는 법이니까.

수지: 어떻게 해야 그럴 수 있을지 궁금해. 어째서 사랑이라는 것이 비극적인 일들에 대한 반응이어야 하는지도 궁금하고.

제프: 그렇게 생각하는 게 괜찮은 방법인 것도 같아서. 어쩌면 비극은 일종의 약속 같은 것 아닐까?

수지: 그럴 수도 있겠지. 하지만 가끔은 버겁다는 생각이 들어. 그렇지 않아? 상황이 안 좋을 때, 이렇게 계속할 수는 없겠다는 생각이 들지는 않느냐는 거야.

제프: 아니, 더는 그렇지 않아. 우리는 지금 여기 이렇게 있잖아. 우릴 무너뜨릴 수 있는 건 없다고 생각해.

그리고 이 대화 후에 완성된 가사는 이렇습니다.

당신과 나, 많은 일을 겪었지요
병원에 술집에
힘들었다는 것 알아요
나는 골치 아픈 사람이었죠
당신도 만만치는 않았지만요
오, 그 점은 좋은 출발점이겠군요

상황이 안 좋아질 때
우리 사랑은 더 단단해지죠

오, 나는 알고 싶어요
어째서 사랑이라는 것은
상황이 안 좋을 때 더 단단해지는지

비극은 약속과도 같은 것
더는 못 하겠다는 생각이 들어도
우리를 무너뜨릴 수 있는 건 없어요

대화를 나눌 때, 특히 사랑하는 사람과 진지한 대화를 나눌 때 우리는 자신을 표현할 언어를 찾게 됩니다. 우리는 머릿속에서 아주 복잡한 이야기를 만들어낼 수 있습니다. 대화는 잠재의식에서 비롯되며, 우리는 언어를 찾고 이야기하고 유기적인 방식으로 자신을 표현하지요. 저는 이것이 모든 글쓰기의 출발점이라고 생각합니다. 인간으로서 자신을 표현할 수 있다면, 다른 표현 방식을 창조하고 노래에 관한 능력도 발굴할 수 있을 겁니다. 저에게는

바로 이 점이 모두가 노래를 만들 수 있다는 가장 선명한
증거로 보입니다. 코드 진행을 설계하는 일은 모든 사람이
할 수 없을지 몰라도, 이야기를 만들어내는 건 모두가 할
수 있는 일이니까요.

# 13 여섯 번째 연습: 운율 사용하기

저는 운율rhyme을 좋아합니다. 가끔은 너무 빤한 운율 구성이 숨 막히게 느껴질 때도 있고, 앞으로 전개될 운율이 쉽게 예상되는 노랫말은 별로지만요. 제가 보기에 특히 컨트리 곡들에는 예측 가능한 운율이 자주 사용되는 편이고, 그런 점에서 그 장르는 어려움을 겪고 있는 것 같습니다. 어떻게 진행될지 예상할 수 있는 노래는 매력이 없으니까요. 그러니 이 책을 읽는 여러분도 '트레인train'과 '레인rain'으로 운율을 맞추는 식의 방법은 일찌감치 그만두시

길 바랍니다. 정 그렇게 하고 싶다면 그런 방식이 주는 충격을 완화하기 위해서라도 최고의 시를 써내야 할 테고요.

운율을 활용하는 방식 중에 제가 좋아하는 것이 있습니다. 바로 운율을 가진 '독립적인' 단어 한 쌍을 찾아내는 일입니다. 이는 십자말풀이 게임처럼 완성의 쾌감을 주는 글쓰기이기도 한데, 여기서 '독립적'이라 함은 두 단어가 그 어떤 시나 노래와도 딱히 관계가 없음을 의미합니다.

압운이 맞는 두 단어를 찾아 서로 연결해 보세요. 큰 만족감을 느낄 겁니다. 특히 시나 가사의 구조와 논리가 주는 부담으로부터 자유로울 때 더욱 그렇지요. 가령 아래와 같이요.

그웬돌린이 카운티 경찰에게 이야기할 때에
when Gwendolyn speaks to a county <u>police</u>

플라스틱 맥주 컵이 그녀의 이빨에 끼워져 있었네
plastic cup of beer held between her <u>teeth</u>

완벽한 운율은 아니지만, 대강 어떤 식인지는 알 수 있

　　　　　　　　　**13 여섯 번째 연습: 운율 사용하기**

겠지요. 이 가사에 어울리는 나머지 노래가 듣고 싶어지는군요. 물론 나머지 부분을 쓰지 못하게 되더라도 괜찮습니다. 저 작은 퍼즐 조각을 만드는 시간은 즐거웠고, 저에겐 흥미로운 노랫말 한 토막이 생겼으니까요.

이 내용은 기본적으로 여러분이 음악과 언어의 리듬에 흥미를 느끼도록 하기 위한 아이디어이자 연습법입니다. 이 방식으로 가사를 쓰기 위해 이리저리 실험해 보고 난 뒤, 그 결과로 여러분의 머릿속에 어떤 멜로디가 떠오른다면 더더욱 좋겠지요.

# 14 일곱 번째 연습: 다른 존재 되어보기

우리는 자기 자신이 되기 위해 굳이 애쓸 필요가 없습니다. 작사와 관련해 우디 거스리Woody Guthrie[1]가 남긴 조언 중 가장 유명한 말은 바로 '내가 아는 것을 써라'인데, 이는 분야를 막론하고 여러 작가가 공감해 온 말이고 저 역시 멋진 조언이라고 생각합니다. 특히 적잖은 작가들이 실제 삶의 방식과는 거리가 있는 비유나 아이디어에 골몰하기

1　미국의 포크 싱어송라이터. 미국 포크 음악의 아이콘으로 불리며 밥 딜런에 게도 큰 영향을 미쳤다.

도 한다는 점에서 저 말은 분명 의미가 있습니다. 그러니 올바르게 적용되기만 한다면 정말로 도움이 될 조언입니다. 아마도 저 같은 사람은 '권총'이나 '람보르기니', '잭 다니엘', '픽업트럭' 같은 단어는 사용할 일이 없겠지요.

그러나 현실은, 우리는 우디 거스리가 아니라는 사실입니다. 우디 거스리는 풍부한 소재들로 가득한 매혹적인 배경을 갖고 있었습니다. 그래서 그에게 있어 자신이 아는 것을 쓴다는 것은 오늘날 평범한 삶의 큰 부분을 차지하는 지루한 주제들을 피할 수 있음을 의미했죠. 어쩌면 우디 거스리의 저 조언은 스스로가 거들먹거리지 않고 사교 파티 같은 주제로 노래하지 않겠다는 의지의 표현이었는지도 모릅니다. 물론 그는 그런 이야기도 쓸 수 있었을 것이고, 그가 남긴 다양한 기록물을 고려하면 실제로 써봤을 가능성도 있습니다. 어쨌거나 우디는 우디가 되어야 했기에, '내가 아는 것을 쓰라'고 말하는 것은 그에게 어렵지 않은 일이었습니다.

그렇다면 나머지 사람들, 즉 우리는 어떻게 해야 할까요? 모래 폭풍Dust Bowl[2]에서 살아남아 본 적 없는 송라이터 지망생들은요? 우리 대부분은 현실적이면서도 흥미진 진한 모험담이나 생존기와는 매우 동떨어진 삶을 살고 있습니다. 저는 그런 일상생활에서 자신에게 영향을 주는 것들에 대해 솔직하게 이야기하는 일이 중요하다는 데 동의하지만, 한편으로는 우리의 삶이 노래로 쓰일 만한 가치가 없다는 무력한 생각에 대한 해결책을 제시해 보고도 싶습니다. 다음과 같이 말이죠.

**다른 사람이 되어보세요.** 혹은 다른 무언가가 되어보는 겁니다. 지기 스타더스트Ziggy Stardust[3]와 같은 유형의 완전히 새로운 페르소나를 발명하라고 주장하는 것이 아닙니다. (해낼 수만 있다면야 멋진 접근 방식이기는 하지요.) 다만 저는 가끔이라도 의식적으로 여러분 자신에게서 벗어나 어떤 '다른' 관점에서 글을 써보고 곡을 만들어보는 일이 가치 있고 도움이 되리라 말하고 싶습니다.

저는 평생을 그렇게 작업해 왔습니다. 제가 작곡한 노래를 제가 부르게 되기 전까지, 저는 다른 누군가가 제 노래를 부를 거라는 생각으로 곡을 썼습니다. 엉클 투펠로Uncle

---

2  1930년대 미국 중서부를 덮쳐 심각한 황폐화를 불러온 거더 모래 폭풍.
3  영국의 록스타 데이비드 보위가 선보였던 페르소나.

   **14 일곱 번째 연습: 다른 존재 되어보기**

Tupelo[4]에서 활동했을 때에는 항상 제이 파라Jay Farra[5]의 목소리를 염두에 두고 노래를 만들었는데, 저에겐 쉽지 않은 베이스 기타를 연주하면서 동시에 노래까지 해야 하는 힘들고 수치스러운 상황을 그가 덜어주기를 바랐기 때문이었습니다. 그 후 제 목소리가 편안하게 느껴진 뒤에도 저는 다른 아티스트들의 목소리와 인생 경험, 진지한 태도 등을 염두에 두고 곡을 쓰고 싶은 충동이 여전했습니다. 그리고 그런 충동 덕분에 저의 신경증적 자기 의심과 불안을 뚫고 많은 곡들이 제게서 흘러나올 수 있었고요. 윌코의 《Being There》 앨범에 수록된 〈Forget the Flowers〉라는 곡이 그 예입니다. 그 곡을 쓰던 당시 제 머릿속에서는 자니 캐시Johnny Cash[6]의 목소리가 끊임없이 들려왔습니다. 지금도 저는 그 노래를 부를 때면 자니 캐시처럼 부르지 않으려고 의식적으로 노력해야 하지요.

제가 저처럼 들리지 않게 하려고 노랫말의 화자를 바꾸는 데 성공한 케이스는 지난 10여 년에 걸쳐 메이비스 스

4　제프 트위디가 윌코를 결성하기 전에 몸담았던 컨트리록 밴드.
5　엉클 투펠로의 기타리스트이자 보컬리스트.
6　20세기 미국 컨트리 음악의 전성기를 이끌었던 싱어송라이터.

테이플스Mavis Staples[7]를 위해 쓴 곡들일 겁니다. 하지만 그렇게 화자의 관점을 바꿔서 작업했던 가장 놀라운 경험은 윌코의 앨범 《A Ghost Is Born》에 수록될 곡들을 쓰는 과정에서 있었습니다. 그 당시 언젠가부터 저는 엉망진창으로 망가진 제 머릿속의 무게에 짓눌려 있었고, 제프 트위디라는 하나의 존재로서 내가 경험하지 않은 이야기를 노래로 부른다는 생각 자체를 견디지 못했습니다. 상황이 안 좋았지요. 저는 약물 중독자였고 정신 건강 문제와 싸우고 (혹은 싸우지 않고) 있었습니다. 어쩌면 여러분 중 누군가는 이런 제 사연을 잘 알고 있을지도 모르지만, 간단히 말씀드리면, 그때 저는 제가 곧 죽을 거라고 생각했으며 그런 생각이 전혀 두렵지 않았습니다.

그러나 여전히 마음을 무겁게 누르고 있는 것들이 많았습니다. 무엇보다도 제 어린 두 아들, 새미와 스펜서가 망가진 제 모습보다는 제가 진정으로 어떤 사람인지를 알아주었으면 했습니다. 다행히 아이들에게 책을 읽어주는 것은 그래도 제가 어느 정도 안정적으로 할 수 있는 일이었

---

7    미국의 R&B·가스펠 가수로, 밥 딜런 등 전설적인 아티스트들과 협업했으며 제프 트위디와도 여러 번 함께 작업했다.

                    **14 일곱 번째 연습: 다른 존재 되어보기**

는데, 그 과정에서 어린이책은 상당수가 애벌레나 기차 같은 동물 및 사물의 관점에서 쓰였다는 걸 알게 되었지요. 그리고 그때부터 저는 동물의 관점에서, 혹은 동물의 시선과 유사한 관점에서 곡을 써보기 시작했습니다. 그 결과, 작업 중이던 《A Ghost Is Born》 앨범의 나머지 분량을 구성하는 노아의 방주라는 콘셉트가 어느 정도 일관성을 띠며 탄생하게 되었습니다. 이러한 접근 방식이 가장 뚜렷하게 반영된 트랙이 바로 소풍 나온 곤충의 관점에서 쓰인 〈Company in My Back, 내 등 위의 친구〉입니다. 이 노래는 다른 존재의 시선에서 쓰였지만 결과적으로는 꽤 개인적인 이야기가 되었죠. 요즘도 저는 이 노래를 부르거나 가사를 읽을 때면 가슴이 먹먹해지곤 합니다.

사랑을 담아 공격하지, 순수하고 아름다운 벌레
입술을 말아 올리고는 당신에게 기어 올라가

그리고 당신의 오후에
나는 내내 토하고 있었어

내가 노래의 화자가 되지 않다 보니 좀 더 감정적인 방식으로 진정성 있는 이야기가 나왔고, 아름다움을 품고 있지만 환영받지 못하는 존재에게 나 자신을 어렵지 않게 투영할 수 있었던 것 같습니다. 소풍에서 발견한 벌레, 침입자인 벌레 한 마리에게요. 녀석은 제가 상상할 수 있는 그 어떤 위험보다 큰 위험에 직면했음에도 여전히 온순함을 유지하며 세상의 광대함과 신비로움에 깊이 굴복한 벌레입니다. 벌레의 위치에서 가사를 쓰면서 저는 솔직해질 수 있었습니다. 당시에는 너무 고통스러워서 깊이 생각하기 어려웠던 것들에 대해 말이죠.

가끔씩 전혀 새로운 각도로 세상을 보는 것은 하나의 유용한 창작 요령이 될 수 있습니다. 지금 여러분이 있는 방을 둘러보세요. 선반 위의 시계는 무엇을 바라보고 있나요? 카펫이 된다는 건 어떤 기분일지 상상해 본 적 있나요? 진공청소기가 되는 건요? 샤카 칸Chaka Khan[8]이 되어보는 건 어떤가요? 아니면 여러분도 저처럼 자니 캐시의 목소리를 떠올리며 곡을 써본다면 어떨까요? 아무리 똑같은

---

8  미국의 소울 가수.

   **14 일곱 번째 연습: 다른 존재 되어보기**

목소리를 떠올린다 한들, 여러분의 머릿속에서 들려오는 것은 제가 떠올린 것과 절대로 같지 않을 겁니다. 이것이 바로 이 접근 방식의 장점이지요. 또 하나, 여러분이 그 어떤 것을 떠올린다 해도 그것은 절대로 자니 캐시나 말벌이나 통닭구이나 에어컨이 아니라 언제나 여러분 자신일 테고, 그것은 그야말로 근사한 일일 겁니다.

# 3부

# 15 작곡의 시작

앞에서 저는 곡 쓰기의 출발점으로 언어 조각들을 모으는 일에 대해 이야기했습니다. 자신이 좋아하는 가사나 구절, 단어들을 이용해 노래 만들기를 시작하는 것은 여전히 추천하고 싶은 방법입니다. 그런데 가사를 모으는 일만큼 중요한 것이 음악의 조각을 수집하는 일입니다. 음악의 조각들에는 무엇이 있을까요? 보컬 멜로디, 코드 진행, 사운드, 샘플[1], 리프riff[2], 루프loop[3], 비트 등등 음향의 영역 안에 있는 것이라면 대부분이 우리가 모아야 할 음악 조각이라고 말할 수 있을 것입니다. 다시 듣고 싶어지면서도 훗날 곡 구성에 도움이 될 것 같은 소스를 수집해야 할 테고요.

저는 악보를 읽거나 쓸 줄 모릅니다. 때문에 가사의 재료를 수집하는 법을 이야기하는 것보다 음악 만드는 법에 대해 설명하는 것이 저에겐 훨씬 더 어렵게 느껴지는 게 사실입니다. (설령 제가 악보를 보고 쓸 줄 안다고 하더라도 여러분 역시 그럴 줄 알 거라 가정하는 것도 타당하지 않겠지만요.) 그래서 저는 음악 만들기에 관해선 연습법 대신에 권장이나 제안에 가까운 내용들을, 말하자면 부드러운 넛지nudge[4]들을 좀 더 공유해 보고자 합니다.

이후에 나올 몇몇 사례에서는 여러분이 악기에 대한 초보적인 지식을 갖고 있거나 녹음이나 암송을 통해 멜로디를 표현할 정도로는 연주와 노래를 할 수 있다고 상정하게 될 것 같습니다. 사실 악기와 처음 만나는 순간만큼 크나큰 자유로움을 느끼는 순간도 없지요. 제가 사촌의 기타를 집

---

1  음원에서 추출하거나 그 밖의 소스를 녹음한 소리 조각.
2  음악적 아이디어를 담은 반복 가능한 악절. 록이나 재즈에서 주로 사용된다.
3  녹음된 특정 구간을 반복할 수 있는 패턴. 힙합이나 전자 음악에서 주로 사용된다.
4  강압적이지 않게 옆구리를 살짝 찌르는 식으로 더 좋은 선택을 하도록 유도하는 방식.

어 들고서 시행착오를 거쳐 캔자스Kansas[5]의 기타 리프를 조금이나마 연주했던 것은 아마도 제 인생의 가장 중요한 사건일 겁니다. 물론 기타의 현과 음 사이의 관계는 생각보다 까다롭고 대로는 매우 어려운 문제인지라, 일단 중요한 것은 단순한 '하나의 음'을 갖고 끈질기게 연구해 보는 자세라는 생각이 듭니다. 한 번에 한 음씩 피아노를 연주해 보면 그런 방식이 우리의 귀를 단련시켜 줄뿐더러 멜로디 연주가 얼마나 재미있고 흥미로운지 다시금 느끼게 해준다는 걸 알 수 있습니다. 혹여나 그런 초보적인 기술로 흥미롭고 아름다운 음악을 만드는 게 불가능하다고 생각된다면, 닉 드레이크의 〈Know〉나 마운틴 맨Mountain Man의 〈Rang Tang Ring Toon〉을 한번 들어보세요. 노래에서 기타의 현 한 개가, 한 번에 하나의 음이 어찌하여 덜하지도 더하지도 않은 딱 적당한 양이 될 수 있는지 알게 될 테니까요.

그러니 기타 한 줄, 건반 하나라도 시도해 보길 바랍니다. 만약 그런 것조차 아직 여러분의 실력에 맞지 않는다

---

5  미국의 하드록 밴드. 국내에선 〈Dust in the Wind〉라는 차분한 곡으로 유명하다.

   **15 작곡의 시작**

면, 위의 방식을 일반적인 작곡법에 적절히 적용해 보고 본인이 선호하는 창작 스타일에 맞게 수정하거나 변형하는 것도 하나의 방법입니다. 그리고 잊지 마세요. 제가 이 책을 통해 가장 전하고 싶은 것은 우리 삶에서 노래란 무엇이고, 노래가 우리 자신에게 무엇이 될 수 있으며, 우리 모두가 창작이라는 일상의 요법으로 얼마나 큰 혜택을 받을 수 있는지에 관한 보다 넓은 이해라는 것을요.

# 16
# 첫 번째 제안: 좋은 경청자 되기

우리는 자신에게 의미 있는 것을 기억하고 그것을 기록으로 남기는 능력을 갖고 있습니다. 많은 이들이 그러한 능력을 사진이나 영상을 통해 발휘하지요. 저는 그것을 소리로 하는 편입니다. 소리가 감정을 불러일으키는 능력은 과소평가되어 있는 것 같습니다. 향기에는 우리의 기분을 좌우하는 특별한 힘이 있다는 얘기를 들어본 적이 있지 않나요? 저에게는 소리가 그렇습니다. 아마도 많은 사람이 저와 같을 거라고 생각하고요. 그것은 금속 체인이 달린

깃대가 바람에 흔들리는 소리일 수도 있고, 열어둔 창문으로 들어오는 바람 소리일 수도 있습니다. 그런 소리에는 정말로 많은 것들이 있을 겁니다.

훌륭한 음악가가 되는 것보다 중요한 일은 훌륭한 경청자가 되는 것입니다. 사실 저는 그 둘을 분리해서 생각하지도 않아요. 최고의 음악가는 최고의 경청자라고 생각하기 때문입니다. 뛰어난 신체적 재능이나 테크닉으로 연주하지는 못하지만 다른 이들이 듣지 못하는 것을 듣는 능력으로 자신의 가치를 세상에 알린 음악가가 많다는 사실을 아시나요? 재즈나 앙상블 형식의 음악에서는 경청을 잘하지 못하고 자기 연주에만 관심을 기울이면 결과가 참담해집니다. 그것은 자신의 이야기를 듣지 않는 사람과 대화를 나누는 것과 같지요. 끔찍한 일입니다.

다른 사람들이 만든 음악은 그래서 중요합니다. 제가 만난 뮤지션이나 송라이터 중에서 저에게 깊은 인상을 남긴 분들은 어김없이 본인의 음악 외에 다른 사람의 음악에 대해서도 들려주었습니다. 제가 들어본 적 없는 새로운 아티스트나 음반을 소개해 주는 경우가 많았죠. 한편 저는 아티스트 친구들과 함께 음악을 듣거나 그들의 귀를 통해 음악을 듣는 시간을 보내면서도 깨달음을 얻었습니다. 방 안의 소리가 마법을 걸 때 느껴지는 타인의 호흡과 몸짓의 미묘한 변화를 통해서 말이지요. 그렇게 저는 최고의 음악가란 언제나 최고의 경청자이며, 그들은 자신의 음악만큼이나 다른 이의 음악에 집중하는 일에도 많은 시간을 할애한다는 점을 알게 되었습니다. 그리고 여기서 우리는 두말할 필요 없는 교훈을 얻게 됩니다. 무언가를 하는 방법을 배우고 싶다면, 다른 사람이 하는 그 일을 제대로 지켜보라는 것이죠.

예술과 공예는 대체로 개인 간의 교육이나 구전을 통해 전달됩니다. 하지만 누군가가 노래를 만드는 방식은 어떻게 해야 관찰할 수 있을까요? 우선은, 귀 기울여 들어야 할 겁니다. 가사를 읽거나 악곡 일부를 직접 연주해 볼 수도 있겠지요. 그렇지만 여러분이 정말로 작곡가의 마음속에 들어가 보고 싶다면 다른 이의 노래를 진지하게, 그리고 철저하게 들여다보고 배워야 합니다. 그것도 아주 많이, 멈추지 말고요. 혹시 여러분은 노래방에서 눈앞에 가사가 빤히 보이는데도 노래의 길을 잃고 헤매는 상황을 보거나 겪은 적이 있나요? 이는 아무리 단순하고 유명한 노래라

    **16 첫 번째 제안: 좋은 경청자 되기**

하더라도 그 뒤편에는 우연과 거리가 먼 복잡성과 내부 논리가 존재할 수 있음을 보여주는 사례입니다. 그래서인지 저는 그런 장면을 목격하는 일이 꽤 흥미롭더군요. 완성된 하나의 곡이 잘 구성되어 있을 때, 그 노래는 그저 편안하고 쉽게 들릴 수 있습니다. 하지만 그러기 위해서는 노고가 반드시 필요하다는 점을 강조하고 싶습니다.

그럼 그런 곡이 어떻게 만들어지는지 파악하는 방법은 무엇일까요? 가장 쉬운 방법은 시간을 들여 본인이 가장 좋아하는 곡들을 탐구해 보는 것입니다. 혼자서 연주할 수 있을 만큼 해당 노래를 잘 익힐 수 있다면 가장 이상적일 테고요. 하지만 가사를 보지 않고 자신 있게 노래할 수 있는 정도로도 그 곡이 어떻게 진행되는지, 어찌하여 특정한 곡조의 형식이 반복되며 근사한 순간을 만들어내는지에 대한 감각을 얻기엔 충분하다고 생각합니다. 저는 지금도 매일 시간을 내서 제가 좋아하는 노래들을 익히고 또 익히곤 합니다. 또 작곡에 영감을 주는 노래를 찾기 위해 새로운 음반이나 예전에 들어본 적 없는 오래된 음반을 들으며 많은 시간을 보내지요. 결국 영감의 많은 부분은 내가 좋아하는 곡을 어쿠스틱 기타로 연주해 보며 혼자 부를 수

있을 만큼 분해하고 분석하는 과정을 통해 얻게 되는 것입
니다.



16  첫 번째 제안: 좋은 경청자 되기

# 17

# 두 번째 제안:
# 제한 시간
# 활용하기

우리가 창작 행위에서 멀어지도록 스스로를 속이는 가장 흔한 방법이 있습니다. 가치 있는 무언가를 만들어내려면 그에 맞는 적절한 시간이 필요하다는 널리 퍼진 믿음을 따르는 것이죠. 우리는 종종 제한된 시간이 작업의 흐름을 방해할 수 있다는 생각에 '끝낼 수 없을 것 같아, 그러니 시작할 필요도 없지 않을까?'라며 영감이 찾아오는 것 자체를 거부하곤 합니다. 물론 이러한 생각은 직업 윤리가 확고함에도 아이디어를 표현할 좋은 방법을 찾지 못한 특정한 날이나 특별한 순간에는 납득할 만한 구실이 되기도 합니다. 그런 경우에는 정말로 아예 시작하지 않는 것이 절망적 경험을 피하기 위한 신중한 방편이 될 수도 있으니까요.

하지만 진실을 말해볼까요? 대체로는 말이 안 되는 소리입니다. 대부분은 결국 미루기일 뿐이지요. 미루는 능력과 미루기를 합리화하는 능력은 일하기에 '이상적'이라고 여기는 상황을 전제한 상태에서는 커져만 갑니다. 미루는 습관에 대해 설교를 하고 싶은 생각은 없습니다. 저 역시 일을 자주 미루는 사람이고, 미루기가 언제나 재앙으로 끝나는 것도 아니며 아무 결과도 내지 못하거나 진전이 전혀 없는 일도 아니라는 것을 잘 알고 있고요. 그러나 모든 것이 완벽하게 갖추어졌을 때에만 일하고 싶어 하는 욕망을 파쇄하려는 노력은 매우 중요합니다. 우선은 자신이 쉽게 통제할 스 있는 조건들을 활용해 안정감을 높이고 작업에 집중할 스 있는 마음가짐을 가져보세요. 가령 본인이 좋아하는 음료를 곁에 두거나 적당한 무게감의 노트와 연필을 구비하는 것으로 시작해 보는 건 어떨까요?

저에게는 미루는 습관과 투쟁하기 위해, 그리고 모든 게 '좋아 보일' 때만 하려고 하는 마음에 저항하기 위해 혼자서 즐겨 하는 게임이 있습니다. 이 게임은 노래란 무엇인지 혹은 노래가 무엇이 될 수 있는지에 대한 제 생각이 개방적이고 관용적일 수 있도록 도와줍니다. 즐거운 변칙성을 부여하여 노래에 대한 해석을 더욱 풍부하게 만들어준달까요.

간단한 게임입니다. 먼저 원하는 시간을 설정하고(저는 5분에서 10분 정도가 적당한 것 같습니다), 그 시간 동안 머릿속에 떠오르는 모든 것이 노래라고 생각하는 것이지요. 제한 시간이 끝나면, 내가 미션을 성공했으며 규칙을 잘 따랐다는 감각을 확실히 매듭짓고자 조금 전 떠올렸던 내용을 휴대폰에 저장해 두기도 합니다.

이런 연습 방법은 밴드 투어를 다니던 중에 생각해 냈습니다. 저는 항상 일찍 움직이는 편입니다. 시간을 엄수하고 예의를 지키는 것은 록 뮤지션답지 않다고 생각하는 사람이 많다는 것을 알지만, 저는 그런 생각에 동의하지 않아요. 저는 예의를 지키는 건 멋진 일이며 심지어 혁명적인 행위라고 생각합니다. 반대 의견으로는 저를 절대 설득하지 못할 겁니다. 그러니 싸가지 없는 걸 쿨하다고 생각하는 분이 있다면 그만 꺼져주셨으면 좋겠네요.

어쨌든 항상 시간을 지키는 습관이 몸에 배어 있으면 미리 짐을 싸서 예정보다 일찍 준비해 놓고 버스가 모두를 태우러 오기 전까지 호텔 방에서 기다리며 꽤 많은 시간을 보내게 되는데, 그러던 어느 날 문득 궁금증이 들었습니다. 로비에서 전화가 오기 전까지 약 20분이라는 시간이 과연 '완성된' 신곡을 만들어 녹음까지 하기에 충분할 수 있을까 하는 생각이 말이죠.

그래서 저는 휴대폰의 타이머를 설정한 뒤 기타를 꺼냈습니다. 몇 분이 지나자 가사를 붙여볼 만한 흥미로운 멜로디가 나왔고, 20분 뒤에는 꽤 마음에 드는 곡 하나를 써낼 수 있었지요. 이때의 경험에서 정말 인상 깊었던 점은, 제가 받아들이기로 한 그 시간적 제약이 없었더라면 결코 나오지 않았을 무언가가 탄생했다는 것이었습니다. 게다가 20분이라는 시간을 순식간에 보낼 수 있었고요. 물론 이 방법으로 엄청난 히트곡이나 앨범에 바로 수록할 만한 노래를 만들기란 쉽지 않겠지만, 그래도 윌코의 〈You and I〉라는 곡은 이런 방식으로 탄생했고 저는 그에 감사할 따름입니다.

# 18
# 세 번째 제안: 판단을 잠시 멈추기

송라이팅에 시간제한을 두는 것이 자연스럽게 느껴지지 않을 수도 있습니다. 아직 악기에 익숙하지 않아 시간을 정해놓고 생각하는 것이 부담스러울 수도 있고요. 한편으론 시간 관리나 미루는 일이 그다지 큰 걸림돌이 아닌 사람도 있겠지요. 그런 경우라면 잘된 일이지만, 그럼에도 작곡을 시작할 다른 방법은 모색해 봐야 할 겁니다. 제가 추천하는 또 하나의 연습법은 평소보다 조금 더 자유롭게 해보는 습관을 들이는 것입니다.

음악 내부의 질서와 구조에 이미 익숙한 사람이라면 이런 방법에 적응이 필요할지도 모릅니다. 하지만 그만한 가치가 있는 방법입니다. 먼저 탁자를 두드리며 뭔가 원초적인 소리를 내뱉어 보세요. 혹은 기타나 피아노로 하나의 코드만 연주하면서 오늘 하루에 대한 이야기를 읊어보세요. 그냥 그런 식으로 무언가를 녹음해 보는 겁니다. 그렇게 함으로써 여러분은 예전에 없던 무언가를 새로 만들어내게 됩니다. 이 얼마나 자유로운 창작 행위인가요?

여기서 중요한 점은, 완벽을 원하거나 이른바 '좋은 창작물'로 즉시 보상받길 바라는 욕망을 피하는 것입니다. 자신이 진지하고 똑똑하며 능력 있는 사람이라는 이상적 비전을 즉시 내려놔야 한다는 것이죠. 말하자면 여러분은 파티 여는 법을 배워야 하는데, 그 파티에는 자기가 만든 결과물이 곧 자신이라고 판단하는 마음을 초대하지 않아야 합니다. 더 정확히 말하면, 결함이 있을 수 있는 그 어떤 표현도 용납하지 못하는 자신의 마음은 파티에 들이지 말라는 얘기입니다.

슬프게도 우리의 그런 마음은 창작을 하는 데 필요한 자유를 끊임없이 통제합니다. 실제로 제가 아는 많은 이들이

     **18 세 번째 제안: 판단을 잠시 멈추기**

이 장애물을 극복하지 못했습니다. 스스로에 대한 판단과 통제를 멈추지 않고도 인상적인 작품을 만들어낸 사람을 몇몇 만나보긴 했지만, 그들의 결과물에서는 항상 어떤 즐거움 없는 노동의 흔적이 들려오는 느낌을 받곤 했습니다. 제가 느낀 바는, 그들이 좋은 소리를 내기 위해선 나쁜 소리를 내야 한다는 사실을 결코 용납하지 못했다는 것이며, '나쁜 소리'가 주는 즐거움을 받아들이는 법을 배워본 적이 없다는 것이었지요.

사실 그것은 '새로' 배울 기술이라기보다 '다시' 배워야 할 기술이라고 말하는 게 더 정확할 겁니다. 제 경험상, 아이들은 판단을 거의 하지 않은 상태에서 창작에 몰두하는 법을 알고 있습니다. 저는 아이들이 카펫 위에 널브러져 그림을 그리거나 색칠하는 모습을 보는 것을 좋아합니다. 그 모습은 저에게 있어 창작의 이상적인 상태이며, 제가 하는 그 어떤 작업 형태보다도 간절하게 제가 얻고자 애쓰는 상태이기 때문입니다. 이제 우리는 저 아이들처럼 되려면 노력이 필요하고, 앞서 제가 이야기한 것과 같은 요령들도 필요한 상태가 되어버렸습니다. 물론 늦게라도 그런 깨달음과 요령을 스스로 찾아내는 것은 충분히 가치 있는 일이겠지만요.

이 연습법을 통해 여러분이 느꼈으면 하는 것은, 앞에서도 말한 바 있는 '사라짐의 희열'입니다. 고개를 들어보니 갑자기 세 시간이 지나 있고 내가 지금 어디에 있는지 깨닫고는 깜짝 놀라는 순간, 우리는 창조적인 경험에서 원하는 것을 얻었음을 알게 됩니다. 그런 순간들은 저에게 최고의 만족감을 주고, 그 경험들은 제 삶의 전반에 큰 도움이 되어주지요. 제가 이 책을 쓰기로 한 이유도 그것이고요. 적어도 우리가 판단력과 분별력으로 가득한 자기 자신을 잠시 내려놓을 수 있다면 우리의 삶도 조금은 더 나아질 수 있으리라고 저는 믿습니다.

결국 여기서 이야기하고자 하는 것은 그러한 자기 검열을 피하기 위해 스스로를 속이는 방법들입니다. 제가 모든 해답을 가지고 있는 것은 물론 아닙니다. 하지만 우리의 노력에 이름을 붙이고 여러 용어를 통해 그것을 이해해 보려는 행위는 분명 의미 있다고 생각합니다. 그럼 이 책의 주제인 음악뿐 아니라 일반적인 창작 과정에서 스스로를 더 자유로운 방향으로 이끌어줄 몇몇 아이디어에 대해 이야기해 볼까요?

    **18 세 번째 제안: 판단을 잠시 멈추기**

우선 서로 다른 작업 방식들을 섞어보는 겁니다. 이를테면 평소와는 다른 '엉뚱한' 지점을 작업의 시작점으로 삼아보는 것이죠. (이 방법은 뒤에서 좀 더 자세히 다뤄보겠습니다.) 아니면 주로 기타 연주자들이 사용하는 '튜닝 바꾸기'를 시도해 볼 수도 있을 겁니다. 방향 감각을 의도적으로 상실할 목적이라면 이 방법을 건반 악기에도 적용할 수 있겠지요. 저는 이 방식을 항상 활용하는 편입니다. 가끔은 기타 개방현[1]만으로 흥미로운 코드 보이싱chord voicing[2]이 이루어지도록 튜닝을 바꿔보기도 하고, 제가 좋아하는 소리가 들릴 때까지 일반적인 몇 가지 코드를 연주해 보기도 합니다. 이는 여러분이 코드 진행 작업을 할 때 습관적으로 같은 위치에만 손을 대고 있는 경우에 해볼 만한 좋은 방법입니다. 반복되는 코드 보이싱에 지루함을 느낄 때도 시도해 보면 좋겠고요. 이러한 실험을 통해 때로는 바뀐 튜닝에 맞춰 쓰인 곡이 탄생하기도 하는 한편, 새로운 시도가 불러온 혼란 속에서 오히려 원래의 코드로 돌아가도록 유도하는 새로운 곡조가 발견되기도 합니다.

1 기타와 같은 현악기에서 지판을 누르지 않고 소리를 낼 때의 현.
2 코드 구성음을 배열하는 작업.

아예 다른 악기를 사용해 보는 것도 한 방법입니다. 원리는 위와 같습니다. 간혹 기타를 집어 들 때면 치기도 전에 어떤 소리가 날지 알 것 같은 때가 있지요. 왠지 지루하고 빤한 느낌이랄까요. 또 G 코드라고? 지겨워! 농담이 아닙니다. 지난 40년간 저는 기타를 잡을 때마다 무의식적으로 G를 짚어왔으니까요. 이 문제를 해결할 한 가지 방책은 피아노나 밴조처럼 자신에게 그다지 익숙하지 않은 악기로 연습해 보는 것입니다. 그런 점에서 신시사이저는 변화를 줄 수 있는 훌륭한 도구입니다. 스마트폰용 음악 만들기 앱도 시중에 여러 종류가 나와 있는데, 저 역시 정말 재미있게 사용하고 있습니다.

편안하고 익숙한 환경에서 벗어난 이런 새로운 경험들은 실제로 도전해 보지 않았다면 결코 떠올리지 못했을 음악적 아이디어를 얻게 해줄 것입니다. 그러니 여러분에게 필요한 건 그저 준비된 마음가짐과 열린 자세라는 걸 명심하세요.

   **18 세 번째 제안: 판단을 잠시 멈추기**

# 19

# 네 번째 제안: 아이디어 훔치기

네, 제대로 읽으셨습니다. 누구나 노래를 만들 수 있다는 개념과 우리의 공동 창작 능력을 전제로 저는 훔치기를 장려할 생각이거든요. 근데 도둑질은 잘못된 행동 아닌가요? 그렇습니다. 훔치는 건 당연히 잘못된 행동입니다.

어쩌면 '훔치기'라는 표현은 제가 제시하고자 하는 바를 명확히 설명해 주지 못할 수도 있을 것 같습니다. 다만 '훔친다'라는 말을 선택한 이유는 그것이 가장 솔직하고 비관습적이며 매력적인 표현으로 느껴지기 때문입니다. 요점은, 허락 없이 무언가를 가져오는 행위는 분명 잘못이지만 다른 사람의 작품으로부터 직접적인 영향을 받는 일을 두려워할 필요가 없다는 것입니다. 이 방식은 **공동 창작 행위**의 기본 전제와도 정확하게 부합합니다.

진화하는 인류라는 관점에서 보면 사실상 우리는 누구나 훔치는 사람, 즉 도둑이 될 수 있습니다. 전례가 없어 보이는 혁신가들조차 자세히 알아보면 다른 이들이 세운 것을 토대로 자신의 목표를 이루었음을 알 수 있지요. 예컨대 로큰롤 음악은 새로운 아이디어와 지극히 개인적인 표현 방식이 결합해 분출된 것으로 여겨지지만, 좀 더 깊이 들여다보면 그 장르 특유의 요란한 스타일과 퍼포먼스는 극도의 즐거움에 기대어 대놓고 도용된 것들이 대부분입니다. 좋은 쪽으로든 나쁜 쪽으로든, 창작에 관한 아이디어는 여타 지적 재산만큼 철저하게 보장받거나 보호되진 못했죠.

이 챕터의 요지는 이렇습니다. 다른 사람의 노래를 가져와 어떤 식으로든 자기 것으로 만들어내지 않고서 자신이 만든 작품인 양 행세하는 것은 잘못입니다. 하지만 제 관점에서는 극단적인 경우를 제외하고 거의 모든 작품이 저

   **19 네 번째 제안: 아이디어 훔치기**

나름의 예술적 정당성을 지니고 있습니다. 물론 주의 사항이 있습니다. 코러스나 리프 등 원본에서 변형되지 않은 부분은 반드시 허락을 받고 출처를 언급해야 하며, 기회가 주어졌을 때는 자신이 받은 영감을 다른 이들과 공유하는 것이 중요합니다. 우리가 창작의 영감을 끊임없이 나눈다고 한들, 어디선가 받은 영감을 자기 것으로 발전시킬 만한 음악적 아이디어는 이 세계에 여전히 무궁무진합니다. 그럼 외부로부터 받는 영향들을 공개적이고도 의식적으로 활용하는 방법을 몇 가지만 소개해 보겠습니다.

## 코드 진행

어떤 새로운 노래를 들었을 때 마음에 들면, 저는 일단 기타로 그 곡을 연주해 보고 싶어집니다. 이 경우에 저의 가장 큰 관심사는 그 곡의 코드 진행이 어떻게 보컬 멜로디에 예상치 못한 방식으로 작용하는지가 되는데요. 코드가 근사하게 맞물리거나 새로운 느낌으로 코드 진행이 이루어지면 저는 그 곡의 보컬 멜로디를 뺀 채 코드만 기타로 연주해 휴대폰에 녹음해 둡니다. 때로는 그 코드 진행 위에 제가 새로운 멜로디를 얹어서 원곡의 느낌을 흐릿하게 만들어보기도 하고요.

그런 뒤 나중에 음성 메모에서 이때의 아이디어를 다시 들었을 때 애초에 참고했던 곡이 아직도 또렷이 기억나면, 나만의 노래를 위한 밑거름으로 그 코드 진행이 쓰이기 전까지는 그 메모를 들여다보지 않습니다. 아니면 오히려 그 메모를 바탕으로 좀 더 나다운 곡을 쓸 수 있도록 코드 진행을 열심히 연구해 보거나 합니다. 그래도 대개는 녹음해 둔 메모가 '훔쳐 온' 원곡의 맛을 잘 상실하여 나만의 양념을 추가할 만한 흥미로운 한 조각을 남길 때가 많기는 합니다.

예를 들어볼까요? 저는 최근에 와이즈 블러드Weyes Blood의 〈Andromeda〉라는 노래와 사랑에 빠졌습니다. 제목처럼 천상에서 빛나는 듯한 느낌을 주는 곡이지요. 왠지 카렌 카펜터Karen Carpenter[1]에게 마리화나에 취한 어린 여동생이 있었다면 이런 음악을 하지 않았을까 하는 생각이 든달까요. 저는 그 곡을 꼭 내 것으로 만들어야겠다고 생각했습니다. 그리하여 저는 그 하나의 노래에서 정말로 멋지

---

1 미국의 팝 듀오 카펜터스Carpenters의 보컬리스트이자 드러머. 맑고 청량한 목소리로 유명하다.

　　　　19 네 번째 제안: 아이디어 훔치기

고 예상치 못한 코드 전환을 세 군데나 찾아냈고 그 과정
에서 그 곡의 진가를 더욱 잘 알게 되었습니다. 그리고 그
러한 코드 진행법에서 영감을 얻어 새로운 노래를 세 개나
작곡할 수 있었습니다. 물론 제가 만든 그 세 곡 모두 와이
즈 블러드의 〈Andromeda〉와는 전혀 다른 노래처럼 들렸
지요.

## 샘플

저는 노래를 만들 때 샘플 사용을 무조건적으로 지지하
는 편입니다. 작곡에 샘플을 사용하는 방법에 대한 정보는
이미 많은 곳에서 찾아볼 수 있으니 여기에 제가 덧붙일
이야기는 별로 없을 것 같군요. 새롭고 흥미로운 예술 작
품을 만드는 데 있어 샘플 사용을 장려하고 싶은 마음에
이렇게나마 언급해 둡니다.

## 멜로디

남의 멜로디를 가져와서 다시 쓰는 일은 상업 예술에 있
어선 법적으로 문제가 될 수 있기에 까다롭고 어려울 수밖
에 없습니다. 그러나 음악 만들기에 아직 숙련되지 못한

상태에서 무언가를 노래로 표현해 보고 싶다면, 저는 기존의 멜로디에 자신이 직접 가사를 써서 붙여보는 것도 아주 훌륭한 연습법이라고 생각합니다. 저작권이 소멸한 노래 중에서 시도해 보고 싶은 곡을 골라볼 수도 있겠고요. 필요하다면 레이디 가가Lady Gaga의 〈Poker Face〉에 부모님께 커밍아웃하는 이야기를 담아보는 것도 좋습니다. 그렇게 여러분의 마음속에 있는 것을 꺼내보는 겁니다. 본인이 하고 싶은 이야기가 있다면, 자기만의 노랫말이 있다면 말이지요. 음악 만드는 실력이 향상될 때까지 마냥 기다리지 않는 것이야말로 중요하다는 게 저의 지론입니다.

   **19 네 번째 제안: 아이디어 훔치기**

# 4부

# 20 한 곡을 탄생시킬 시간

여기서부터는 노래가 만들어지는 과정을 설명할 때 다소 신비로운 기운이 전해지는 구간입니다. 가사와 음악이 결합하여 그 둘의 합보다 더 큰 무언가가 탄생하는 단계이기 때문이지요.

설명이 전혀 불가능하다고 느껴지는 내용을 제가 신비주의 없이 분명하게 설명할 수 있을지 잘 모르겠습니다. 개인적인 이야기로 시작해 보죠. 제 머리가 쭈뼛 서는 순간은 내가 만든 노랫말을 처음 큰 소리로 부르는 내 목소리를 들을 때입니다. 그럴 때면 가끔 눈물을 흘리기도 하는데, 그것은 저의 천재적인 송라이팅 실력에 감탄해서도 아니고 제 시적 재능에 감격해서도 아닙니다. 저보다 나은 무언가, 제가 만들 수 있다고 생각했던 것보다 더 나은 무언가가 탄생하는 모습을 지켜보는 기분이 들기 때문입니다. 노래로 만들 만한 가치가 별로 없다고 생각했던 몇몇 가사는 처음으로 멜로디를 입혀 노래를 부르자 애초에 밝힐 의사가 없었던 저 자신에 대한 진실을 드러내며 저를 깜짝 놀라게 한 적도 있지요.

최근에 저는 다음과 같은 가사로 노래 한 곡을 완성했습니다. '그녀는 내 손을 자기 무릎 쪽으로 가져가 잡았어. 그 순간은 마치 의미를 알 수 없는 꿈처럼 느껴졌지.' 조금 유치하게 들릴 수 있지만 한편으론 귀엽게 들리기도 하는 노랫말입니다. 하지만 이 가사를 처음 소리 내어 불렀을 때, 저는 복합적인 기억이 물밀 듯이 밀려오는 것을 느꼈습니다. 중학생 시절, 지하 레크리에이션실에서 조명이 어두워지고 반 친구들이 그림자 속에서 짝짓기 게임을 시작하면 저는 늘 누군가의 작고 귀엽고 땀에 젖은 손을 잡은 채 소파에서 온몸이 얼어붙어 있었거든요. 지금 생각하면 매우 명확했던 그 신호와 감정을 모두 내 상상의 산물이자 믿을 수 없는 것이라고 100퍼센트 확신한 채로 말이죠. 저는 받아들이는 것이 느린 아이였습니다.

때로 노랫말들은 손을 뻗으면 만지고 느낄 수 있는 실제 물체처럼 거의 물리적인 방식으로 공중에 떠 있습니다. 혼자 있던 방에 누군가가 들어왔을 때 느껴지는 기분과도 비슷하지요. 방에 들어온 사람이 굳이 소리를 내거나 인사하지 않아도 우리는 상대의 존재를 느낄 수 있고 혼자가 아님을 감각할 수 있습니다.

신기한 건 이런 황홀한 순간을 선사하는 노래들도 나중에 다시 들어보면 처음만큼 좋게 느껴지지는 않는다는 점입니다. 하지만 그럼에도 제가 곡을 쓰며 즐기는 모든 과정 중에서 가장 의미 있다고 느끼는 시간은 위와 같은 아름다운 감정을 경험하는 순간입니다. 실제로 저는 그런 경험이 너무나 소중해서 다른 사람들도 그런 경험을 누릴 수 있도록 독려해야겠다는 생각에 이 책을 쓴 것이기도 하고요.

그리고 그러한 경험을 느끼게 해주는 곡이 저에게는 이 책으로 말하고자 하는 바로 그 **한 곡**입니다. 여러분이 작업해 온 한 곡, 제가 이 책을 쓴 이유이자 여러분이 이 책을

    **20 한 곡을 탄생시킬 시간**

읽는 목적인 그 한 곡 말이죠. 그 한 곡을 완성해 내면 비로소 알게 될 겁니다. 혼자서 노래를 불러볼 때 어떠한 감정이 느껴진다면 다른 사람에게도 그 감정이 전해질 가능성이 크다는 사실을요.

미완성곡 50개를 써낸 끝에야 비로소 단 하나의 완성곡을 얻게 될 수도 있고, 때로는 자신의 능력이 초자연적으로 발휘되는 듯한 순간에 어떤 실마리를 얻어낼 수도 있습니다. 그럼 이 둘은 서로 모순되는 이야기일까요? 만일 노래라는 것이 우리의 의도를 뛰어넘어 마법처럼 탄생하는 무언가라면, 어째서 우리는 지금껏 그 많은 연습을 거치며 단계별 작업을 수행해 온 걸까요? 그것은 제가 이 책에서 이야기하는 모든 것이 여러분 자신의 상상력과 다시금 연결될 수 있도록 돕는 수단이기 때문입니다. 그럼으로써 그저 눈을 감고 다음에 무슨 일이 일어날지 **상상할** 수 있도록 말이지요.

한 곡의 재생 시간 안에 곡을 쓰는 일은 불가능하지 않습니다. 하나의 아이디어로 시작해 마치 음반을 틀어놓은 듯 연주하는 일도 마찬가지고요. 어떻게 가능하냐고요? 이 일들은 불가능한 것처럼 들리고, 저도 쉽게 해내지는 못합니다. 그러나 잠재의식으로 들어가는 여러 길을 익히고 그 길들을 잘 닦아놓으면, 결국에는 스스로가 듣길 원하는 음악이 어떤 모습인지 알게 되고 그럼으로써 즉흥적으로도 적절한 노래를 만들 수 있게 됩니다.

할 수 있을 것 같나요? 연습하면 할 수 있습니다. 저는 그렇게 특별한 사람이 아니에요. 지금까지 우리가 다룬 모든 과정을 계속해서 반복해 나간다면 어느 순간 애쓰지 않아도 저절로 할 수 있게 될 겁니다. 초반에는 가사와 음악을 조합하는 데 있어 시행착오가 많을 거고 인내심이 필요한 순간들도 생기겠지요. 하지만 꾸준히 하면 할수록 눈을 감고 머릿속으로 악곡을 떠올리며 내가 듣고 싶은 음악을 상상하는 일은 훨씬 쉬워질 것입니다. 또 하나 중요한 건, 마법의 재료가 될 아이디어와 별 효과 없는 아이디어를 구분해 결정짓는 일도 더 쉬워질 거라는 점입니다. 물론 이역시 많은 연습과 노력이 필요할 테고요.

그러니 이제는 마법이 일어나게 해볼까요? 우선은 한발 물러나 지금까지 우리가 쌓아온 아이디어들로 노래를 만들어볼 만한 효과적인 방법들을 살펴봅시다. 여러분이 여태껏 모아놓은 멜로디나 코드 진행 중에서 완성하고 싶은



**20 한 곡을 탄생시킬 시간**

것 하나를 고르세요. 그런 뒤 거기에 리듬과 정서가 잘 들어맞는 가사 재료를 찾아보세요. 만일 적당한 가사를 찾는 게 어렵다면 다시 이전 단계로 돌아가 멜로디에 맞는 단어 찾기 연습을 해보는 겁니다. 책에서 단어를 찾는 연습 같은 것들 말이죠. 어렵지 않겠지요?

창작 과정이 평범해 보인다고 해서 최종 결과물도 평범하게 나오는 것은 아닙니다. 실제로 저는 이러한 방식으로 완성해 내는 곡이 그 무엇보다 많은 편입니다. 물론 이 책을 쓰면서 한편으로 드는 생각은, 노래에 대한 제 생각이 어쩌면 여러분의 생각과 크게 다를 수 있고 혹여나 제가 여러분에게 불투명하고 불분명한 목적지로 가는 별난 미로를 안내하고 있을지도 모른다는 것입니다. 그런 점에서 송라이팅에 관한 여러분의 선입견과 노래에 관한 제 이야기 모두에 대해 의심해 보는 일도 필요하다는 생각이 들고요.

제가 창작이라는 행위를 온전히 즐기기 시작한 건 음악을 시작한 지 어느 정도 지난 뒤부터였습니다. 작곡에 대한 감각과 배우고자 하는 욕구가 내 안에 있음은 알고 있었지만, 악보를 보는 것이 너무 어렵고 악기 연주에도 소질이 적었기에 사람들이 실제로 어떻게 노래를 만드는지

나는 절대로 알 수 없을 거라고 생각했지요. 그러던 중 어디선가 북극에 사는 이누이트 조각가들의 작업 방식에 대한 글을 읽게 되었습니다. 그 조각가들은 바다코끼리의 어금니나 석회암을 가지고서 '나는 사슴이나 둘개, 독수리를 조각할 거야'라고 생각하지 않는다고 하더군요. 그들은 그저 조각을 해나가면서 재료로 하여금 스스로 무엇이 되고 싶은지 말하도록 한다고 했습니다. 이누이트는 조각의 본질이 재료 안에 있으며, 자신들은 단지 재료를 열어 그것을 꺼낼 뿐이라고 믿는다는 것이죠.

이 방식은 제가 생각하는 창작 방식과 닮은 데가 있습니다. 말이 안 되는 말들로 중얼거린 녹음본이 여러 번의 수정을 거쳐 노랫말로 완성되기까지의 과정브터가 그렇지요. 멜로디 역시 석회암이나 어금니입니다. 처음에 저는 소리에만 집중하다가, 그다음엔 단어들을 깎으며 그것들에 의미를 부여한 뒤, 나중에는 어떠한 형상이 모습을 드러낼 때까지 조각을 이어갑니다. 결국에는 명확하고 정확한 언어로 '사슴'이나 '수달'이 뚜렷하게 탄생할 때까지 말이죠. (물론 제 경우에는 거의 대부분 '죽음'이라는 주제로 수렴되긴 합니다만….)

이것이 제가 가장 이상적인 창의성을 보일 때의 모습입니다. 이럴 때 저는, 마치 제가 다른 사람이 되어 자신을 바라보는 것처럼, 어떤 곡이 탄생할지 기대감에 부풀어 흥분되곤 합니다. 다시 말씀드리지만, 바로 이 부분이야말로 제가 여러분께 장려하고 알려줄 수 있는 영역인 것 같습니다. 제가 강조하는 작업 과정을 여러분도 똑같이 반복해서 활용할 수 있겠지만, 그렇게 탄생한 결과물은 결코 여러분이 머릿속에서 그려놓은 곡이 아닐 겁니다. 제가 〈I Am Trying to Break Your Heart〉라는 곡을 쓸 때 사용했던 작업 과정을 여러분이 똑같이 따라간다고 해도, 그렇게 만들어진 곡이 〈I Am Trying to Break Your Heart (Again)〉이나 〈I Am Trying to Break Your Heart (Tokyo Drift)〉가 되지는 않을 거라는 얘기지요. 저는 이 작업 방식을 오랜 시간 계속해서 따라왔는데도 여전히 제 머릿속의 무딘 돌덩이가 다른 형태, 다른 동물로 조각되어 나온다는 사실에 놀라움과 기쁨을 느끼곤 합니다. 그래서 이처럼 자신 있게 말할 수 있는 거고요.

창의적인 상태야말로 가장 중요한 부분이라는 사실을 잊지 마시길 바랍니다. 지금 내가 만들고 있는 것이 무엇인지를 찾고 그것에 즐거워하는 과정이 없다면 다른 그 무엇도 의미가 없을 테니까요.

　　　　　　　　**20 한 곡을 탄생시킬 시긴**

# 21
# 내 목소리에 익숙해지는 법

어느 시점이 되면, 녹음을 하지 않고 노래 작업을 하는 것이 거의 불가능해집니다. 악보를 그릴 수 있는 사람들조차 간단한 데모 버전을 녹음해 두곤 하지요. 저는 훗날 완성할 생각으로 혼자서 간단하게 어쿠스틱 기타로 연주해 두었던 데모들에 늘 만족하는 편이었습니다. 아이폰이 나오기 전에는 값싼 소형 테이프 레코더를 사용했고요. 그렇게 녹음했던 데모 중 몇몇은 정규 트랙으로 만들어져 발표되기도 했습니다.

지금 저는 휴대폰에 깔려 있는 디지털 음성 메모 앱에 아주 만족하지만, 만일 이제 막 곡 쓰는 법을 배우기 시작한 분이라면 저와 같지 않을 수도 있으리란 생각이 듭니다. 돌아보면 저는 음악 경력 초기에 제 목소리가 노래 녹음 시 안정감을 방해하는 주요인이라고 생각했습니다. 목소리에 신경 쓰느라 곡 자체에 집중하기 어려울 정도였죠. 그런 난제를 해결해 준 것은 다름 아닌 낡은 테이프 레코더였습니다. 그 기기는 제 목소리를 제 것처럼 들리지 않도록 만들어주었어요. 음의 높낮이를 제대로 조정해 주지 못해 목소리가 떨리고 왜곡된 소리로 녹음되었는데, 그게 저로서는 정말로 마음에 들었습니다. 제가 생각하는 자신의 결점과 부족함이 그다지 거슬리지 않는 선에서 녹음본을 들을 수 있을 만큼만 목소리가 변형되었거든요.

반면에 디지털 음성 메모는 항상 덜 관대하고 더 정확합니다. 지금이야 노래 부를 때의 제 목소리를 편안하게 느끼게 되었지만, 만약 제가 처음부터 다시 시작해야 한다면 참 막막할 것 같습니다. 그러니 일단은, 본인의 목소리를 듣고 싶지 않다면 그냥 듣지 마세요. 듣기 꺼려지는 자기 목소리를 듣는 것보다 노래를 만들어가는 과정과 경험이

     **21  내 목소리에 익숙해지는 법**

더 중요할 테니까요.

다만 본인의 목소리로 고민하는 분들에게 전하고 싶은 얘기는, 내 목소리는 곧 내 몸이기 때문에 그것을 어떻게든 받아들이려는 노력 또한 필요하다는 것입니다. 마음에 완벽히 들지 않아도 수용해 보려고 하는 것, 그렇게 사랑을 목표로 삼고 나아가는 것은 중요한 태도입니다. 아래는 자신의 목소리를 녹음하는 일에 조금은 더 익숙해질 수 있는 몇 가지 팁입니다.

1. 녹음하기에 좋은 공간을 찾아보세요. 좋은 소리를 담을 수 있는 공간이어야 할 겁니다. 일반적으로 욕실은 소리를 반사하는 표면적이 넓기 때문에 녹음을 위한 훌륭한 공간이 되어줍니다. 많은 전문가들이 실제로 욕실에서 녹음을 한 바 있고, 보컬리스트 상당수가 자기 목소리에 약간의 리버브, 즉 잔향이 들어가는 것을 선호하기도 하지요.

2. 마이크를 놓는 위치가 매우 중요합니다. 이 점은 노련한 베테랑 작곡가들도 의외로 많이 간과하는 부분인데

요. 연주에 맞춰 노래를 휴대폰에 녹음하는 경우, 악기
와 목소리 간의 균형을 가장 만족스럽게 맞추려면 휴대
폰을 어디쯤에 두어야 하는지 알아놓으세요. 목소리만
녹음할 때에는 무반주 멜로디가 디지털로 녹음될 때의
날카로운 느낌이 완화될 수 있도록 약간의 공간감을 제
공할 수 있는 거리에 마이크를 놓아보세요.

3. 다양한 녹음 방법, 다양한 보컬 공정을 실험해 보세
요. 물론 저는 지금껏 음악을 만들면서 거의 원칙에 가
까울 만큼 작곡용 소프트웨어나 멀티트랙 레코딩 장비
를 사용하지 않았기 때문에 저의 이러한 조언이 전문가
적 식견이라고 말할 수는 없을 것입니다. 저는 개인적으
로 '녹음'과 '정지' 버튼 외에 누르고 돌려야 할 노브가 많
으면 집중을 유지하기 어려워하는 편입니다. 스튜디오
에서도 손가락이 장비에 닿는 순간 왠지 큰 그림을 보지
못하는 기분이 들어 노브 만지기를 거부하게 될 때가 많
고요. 이는 어쩌면 제가 '통제하고 있는' 매개 변수에 대
해서만 생각하고 싶어 하는, 제 주의력의 한계인지도 모
르겠습니다. 그러나 이 문제는 저의 문제이고, 제 별난

          

점일 뿐이지요. 제 주변에는 저보다 훨씬 더 정교하게 홈 레코딩을 하며 즐거운 시간을 보내는 음악가, 송라이터 지인들이 있습니다. 여러분 역시 그런 방식을 즐길 수 있을 것이고, 저 때문에 그러한 전문적인 작업 방식에 거리를 둘 필요도 전혀 없을 겁니다. 자기 목소리에 자신감이 없는 이들에게는 거의 완벽에 가까운 디지털 기술로 보컬 파트를 바꿔줄 수도 있으니까요.

## 멈블 트랙

이런 상황을 상상해 볼까요. 마음에 드는 멜로디가 있고, 코드 구성에 관한 좋은 아이디어도 있습니다. 작곡을 당장 시작하고 싶은데, 아직 노랫말을 쓰지 못했다면? 떠오르는 영감은 있지만 가사가 아직 없는, 그렇다고 가사를 쓸 때까지 마냥 기다리면 음악적인 추진력이 약해질 게 분명한 그런 상황이라면? 이런 경우 저뿐만 아니라 다른 많은 송라이터들은 어떻게 할까요?

가짜 가사를 지어냅니다. 저는 어떻게 하느냐면, 멜로디에 어울리고 그 자리에 적당히 맞는 소리를 내면서도 말은 안 되는 그런 노랫말을 그냥 지어서 불러봅니다. 그러면 나중에 완성된 가사를 썼을 때 전체적인 곡의 느낌이 어떨지 더 잘 알 수 있거든요. 저는 이런 상태의 미완성곡들을 '멈블 트랙mumble tracks'이라고 부릅니다. 혹시 여러분 중 윌코의 노래를 많이 들어본 분이 있다면, 제가 멈블 트랙의 가사보다 나은 가사를 찾지 못해 헤매다가 결국 그 상태 그대로 발표해 버린 몇몇 곡을 발견한 적이 있을지도 모르겠습니다. 농담이 아니에요. 일부러 우스갯소리를 하려는 게 아니라, 정말로 저의 웅얼거리는 멈블 트랙은 실제 가사처럼 들리곤 해서 사람들에게 곡을 들려준 뒤 노랫말이 좋다는 칭찬까지 받은 적이 있을 정도니까요. 그렇게 말해준 사람을 제가 믿기 어렵다는 표정으로 쳐다보면, 심지어 마음에 들었던 가사라며 특정 구절을 콕 집어서 말해주기도 하더군요. (그러면 저는 그 문구를 아무렇지 않은 듯 그대로 받아 적고…)

이러한 멈블 트랙이 어떻게 '그래미상을 받은' 곡의 가사로 완성됐는지는 누구나 조금의 연습만으로도 알아낼 수 있을 것입니다. 이 작업의 핵심은, 자신이 웅얼거리며 녹음해 둔 것을 다시 들으며 그 말도 안 되는 웅얼거림에 집중한 채로 머릿속에 떠오르는 단어들을 적어나가는 것입니

     **21 내 목소리에 익숙해지는 법**

다. 똑같은 작업을 반복해야 할 수도 있지만, 하다 보면 어느 순간부터 그렇게 적은 글이 횡설수설하는 말로 들리기보다는 마치 다른 언어를 번역하고 있거나 불러주는 대로 받아쓰기를 하고 있는 것처럼 느껴지게 됩니다. 그리고 이 단계가 끝나면 종이에 적힌 그 초벌 번역문으로 만들어낼 수 있는 구절을 살펴보는데, 놀랍게도 저는 거의 항상 기대했던 것보다 더 많은 표현들을 발견해 내곤 합니다. 아예 처음부터 완성된 가사가 나온 적도 있고요. 이 같은 믿을 수 없는 위업에 대해 낱낱이 설명할 만큼 제가 똑똑하지는 않지만, 분명한 것은 이 일이 일어났다는 사실입니다.

물론 대개는 이 과정에서 일관성 있는, 즉 노래로 부를 만한 결과를 내려면 많은 수정이 필요합니다. 그래도 노력 끝에 느끼는 보람은 작지 않을 겁니다. 모든 것이 제자리를 찾아간 뒤 '내가 이걸 어떻게 해냈지?'라는 혼란스러운 감정을 느낄 때의 그 기분은 정말 근사하거든요.

그런데 조금 전 제가 '노래로 부를 만한'이라는 표현을 대충 지나친 것 같아 조금만 더 자세히 짚고 넘어갈까 합니다. 기본적으로 자신의 곡을 스캣scat[1]으로 부를 때의 가장 큰 장점은 작사한 노랫말의 완성도보다는 멜로디가 어떻게 들리는지에 집중할 수 있다는 것인데, 그렇게 작업하다 보면 어느 지점에서 멜로디를 바꾸거나 음절을 추가해야 한다는 사실을 깨닫게 됩니다. 그리고 결국 이 방법은 오히려 가사가 어떻게 '노래되고' 표현되어야 하는지에 집중할 수 있는 가장 좋은 방책이기도 하지요.

제가 생각할 수 있는 거의 모든 방식으로 수많은 곡을 써본 후 알게 된 사실은, 다른 스타일로 쓴 곡보다 이 방법으로 작업한 곡을 더 부르고 싶어진다는 것입니다. 또 하나 주목할 장점은, 그렇게 쓴 가사가 노래로 부르기 어렵거나 귀에 거슬려서 좋아하는 단어나 구절을 빼야 할 때조차 대부분은 제가 하고 싶은 말을 표현할 수 있다는 것이고요.

이러한 테크닉을 오랫동안 사용하다 보니 이제는 가사의 탄생 경로와는 상관없이 노래할 때 즐겁거나 만족스러운 소재가 무엇인지 좀 더 잘 알게 된 것 같기도 합니다. 송라이터로서 기억해야 할 조언 하나를 이야기해 볼게요. 만일 본인의 노래가 마음에 들지 않고, 그 노래의 느낌도 마음에 들지 않으며, 노래의 소리 또한 마음에 들지 않는다

---

1 의미 없는 소리로 가사 없이 즉흥적으로 노래하는 것.

   **21 내 목소리에 익숙해지는 법**

면, 그때는 다른 사람들도 그 노래를 따라 부르고 싶지 않을 게 분명하다는 겁니다. 어쩌면 이것이 모든 것의 핵심 아닐까요? 우리는 무엇보다도 자기 자신이 어떤 사람이며 무엇을 느끼는지 솔직하게 반영해 낸 무언가를 만듦으로써 다른 누군가에게 목격되거나 인정받고 싶은 것이 아닐까요? 그렇게 외로움을 조금이나마 떨쳐내고 싶은 것은 아닐까요?

# 22 벽에 부딪친 기분이 든다면

바라건대 지금쯤은 여러분이 노래의 전체 혹은 노래의 일부를 즐겁게 만들어보았기를, 그런 마법 같은 순간을 경험해 보았기를 소망합니다. 어쩌면 그렇게 만든 노래를 녹음하고 직접 노래까지 불러봤는지도 모르겠군요. 하지만 그렇지 않다면요? 마음먹은 대로 되지 않는 상황이라면요? 그렇다면 지금이야말로 제가 늘 '작가의 벽writer's block'이라는 달에 회의적이었다는 사실을 인정해야 할 때인 것 같습니다. 이는 제가 한 번도 비생산적이거나 영감이 떠오르지 않는 시기를 경험한 적이 없기 때문이 아닙니다. 그보다는 그것이 실은 '벽'이 아니라 하나의 '판단'이라는 점을 깨달았기 때문이지요.

아무것도 만들어낼 수 없는 경우는 매우 드뭅니다. 작가가 창작 능력을 완전히 상실하는 일은 결코 일어나지 않는다고 저는 생각합니다. 그러나 모든 작가는 그들이 창작하는 작품이 원하는 만큼 마음에 들지 않는 시기를 반드시 겪게 됩니다. 제가 너무 당연한 이야기를 하고 있다는 건 알고 있습니다. 무언가에 막혔다는 기분이 심리적인 문제라는 것도 잘 알려진 사실이고요. 다만 저는 우리가 어떤 벽에 부딪쳤을 때 우리의 생각이 왜곡되는 부분에 대한 제 입장을 말해보고 싶습니다.

먼저, '벽'이라는 말은 그만 사용하기로 합시다. 창작자와 그 창작자의 목적지 사이의 유일한 장애물이란 사실 창작 그 자체뿐입니다. 그러니 그 장애물이 무엇이든 간에 우리는 그것을 원하는 대로 부르면 됩니다. 저는 그것을 허들, 과속방지턱, 과제 등으로 간주합니다. '벽'이라고 부르는 건 거기에 실제보다 더 많은 무게감을 부여하는 것 같거든요. 다른 내적 상태에 대해서는 그처럼 견고한 물리적 은유를 부여하지 않으면서 말이죠. "내 신곡은 햇살 가득한 연못입니다. 뛰어들어요!" 아무도 이렇게 말하지는 않잖아요. '벽'이라는 말을 사용할 때의 가장 큰 문제는, 앞으로 나아가는 것만이 우리가 움직일 수 있는 유일한 방향임을 암시한다는 것입니다. 그 거대한 벽체의 건너편만이 우리가 가고 싶은 곳이며 노력할 가치가 있는 유일한 목표라고 말예요. 말도 안 되는 소리입니다. 그리고 다시 말하지만, '벽에 부딪친' 상태를 피해 갈 수 있을 듯 보이는 모든 매력적인 방법들 역시 상상의 산물입니다. 저는 막힌 느낌이 들면 제가 처한 현실을 다시금 생각해 보려고 합니다. 규칙 따위는 없습니다. 그런 것들은 내가 만드는 거죠.

그럼 창작의 순서를 통해 여러분의 현 상황을 재확인해 볼 수 있는 몇 가지 방법을 알아볼까요?

### 반대 순서로 시작하기

엉뚱한 지점에서 시작해 보는 것은 좋은 방법입니다. 자신의 판단을 뒤집어 보는 방법이지요. 섬세한 멜로디의 곡을 좋아한다면, 드럼 머신부터 시작하세요. 자신이 코러스 파트에 취약하다고 확신한다면, 코러스부터 시작하고요.

즉 코러스를 노래의 도입부에 넣어보고 뭔가 다른 느낌이 드는지 보는 겁니다. 코드 진행을 반대로 해보는 건 어떤 가요? 이런 방식이 가끔씩 효과를 내는 걸 보면 놀랍답니다. 실제로 저는 멜로디를 거의 바꾸지 않은 채 코드 진행만 반대로 바꿔본 적도 있습니다. 혹시 어쿠스틱 기타로 노래를 만들었나요? 그렇다면 그 곡을 일렉트릭 기타로 크게 연주해 보세요.

## 적정한 순서 찾기

어떤 노래를 완성하지 못해 막막한 상황을 가정해 봅시다. 그럴 땐 어떡해야 할까요? 혹시 그 미완성곡에서 가장 마음에 드는 파트가 있나요? 좋아하는 가사 구절은요? 바로 그겁니다. 거기서부터 시작하는 거예요. 이것은 제가 스스로 깨친 노하우 중 가장 도움이 되었던 방법입니다. 이 방법으로 노래의 요소들을 이리저리 재배치해 보지 않았다면 곡의 첫 부분이 전체의 궤적에 미치는 힘을 저는 결코 이해하지 못했을 거라고 생각합니다. 저는 마음에 드는 구절을 발견하면 거의 항상 그것을 곡의 맨 앞에 놓아봅니다. 사실상 제 곡이 세상의 빛을 볼지 말지를 결정하는 건 노래의 첫 부분이라고 해도 과언이 아니기 때문이지요.

　"재떨이는 말하네, 너 밤을 새웠구나."[1] "옛 동네에 가면, 담배 맛이 참 좋지."[2] "서랍 안에 조용히 누워 있는, 그 칼들을 바라보며 나는 놀랐어."[3] 이 노랫말들은 모두 강렬한 이미지와 함께 제 흥미를 불러일으켰고, 그로써 저는 노래의 나머지 부분을 완성해 낼 수 있었습니다. 그러니 좀 더 유연하게 접근해 보세요. 노래는 장편 소설이나 소설집과는 다릅니다. 그런 것들보다는 차라리 자동차 뱀퍼 스티커에 가깝지요. 느낌이 좋고 귀를 잡아끄는 가사가 있다면 그 부분으로 노래를 시작해 보고 어떻게 진행되는지 지켜보세요. 그 아주 단순한 행위가 얼마나 큰 변화를 불러올 수 있는지를 보면 깜짝 놀랄 것입니다. 이것은 자신을 괴롭히는 장벽을 무너뜨릴 만한 훌륭한 방법입니다. 대강 이런 식인 거죠. "그래, 내 앞에 있는 이 벽을 넘을 수는 없겠지. 하지만 이 초콜릿 케이크는 해볼 만할 것 같은데?"

1　〈A Shot ir the Arm〉의 첫 소절.
2　〈Misunderstocd〉의 첫 소절.
3　〈Before Us〉의 첫 소절.

## 옆으로 치워놓기

송라이팅이 일상의 중요한 부분이지만 마감에 쫓기지는 않는 분들에게 유용할 만한 팁입니다. 도통 풀리지 않는 것이 있다면 그게 무엇이든 일단 치워버리세요. 그에 대해 생각하지 말고 그냥 내버려 두는 겁니다. 어쩌면 잠잘 때 우리의 뇌가 그 매듭을 풀 수 있을지도 모르니 잠자리에 들기 전에만 한 번쯤 더 고민해 보고요. 다시 강조하자면, 자신이 벽에 부딪쳤든 아니든 간에 창의적인 일을 하고 있다면 아래의 방법은 꼭 시도해 보시길 바랍니다.

우선 스스로에게 너그러워지세요. 그리고 뇌의 리셋 버튼을 눌러줄 수 있는 활동을 찾아보세요. 벽이 나타났다고 느끼는 것은 우리가 스스로 머리를 거기에 갖다 박아서 그런 것이기도 합니다. 저는 잘 안 풀릴 때는 전혀 다른 작업을 하거나 새로운 곡 쓰기에 착수하는데, 사실 노래 만드는 일을 매일 한다는 것의 장점이란 바로 여기에 있기도 합니다. 제게는 항상 미완성곡들이 쌓여 있어서, 어떤 곡이 막히면 옆으로 치워놓고는 다른 미완성곡을 꺼내 파고들곤 합니다. 내팽개쳐 둔 미완성곡의 상당수는 갑갑함을 견디다 못해 방치한 노래들인데, 오히려 기대감을 거두고 바라보면 생각보다 자주 그 곡들이 스스로 해결될 때가 있어서 새삼 놀라기도 합니다.

그러나 언제나 반가운 소식만 찾아오는 건 아닙니다. 시간이 흐르면서, 제가 일부 곡들에 기대했던 것이 실제론 그 곡의 본래 성격과는 거리가 멀다는 점을 깨닫게 되기도 하거든요. 그래도 어느 쪽이든 노래에는 저마다 고유의 생명이 있고, 그러한 사실 덕분에 우리는 앞서 잠시 치워두었던 미완성곡으로 다시 돌아가게 됩니다.

송라이팅에 더욱 능숙해지려면 주어진 것을 받아들일 줄 알아야 합니다. 설사 그것이 다짜고짜 내 손에 덜컥 쥐어진 것처럼 느껴지더라도 말이죠. 때로 우리는 자신에게 쉽게 느껴지는 것들을 지나치게 의심합니다. '내가 잘하는' 것이 근거 없는 방식으로 평가절하되곤 하지요. 물론 훌륭해지기 위해 노력하는 것, 위대해지기 위해 고난과 고통이 필요하다고 생각하는 것은 자연스러운 일입니다. 하지만 그런 생각 때문에 우리는 종종 자신에게 쉽게 느껴지는 것들을 하찮게 여기기도 합니다. 저는 제가 쓴 컨트리송과 포크송을 부끄러워하던 시기가 있었습니다. 왜 그랬을까요? 제가 그 곡들을 반드시 써야겠다고 마음먹지도 않았는

     **22  벽에 부딪친 기분이 든다면**

데 저절로 제 안에서 만들어진 기분이 들었기 때문이었죠.

그러나 어느 순간 저는 깨달았습니다. 세 개의 코드로 쉽게 만들어진 포크송을 프로그레시브 록으로 애써 바꾸려고 하기보다 그냥 제가 처음에 쓴 그대로 가는 편이 훨씬 더 생산적이라는 사실을요.

어떤 면에서 윌코의 여덟 번째 스튜디오 앨범 《The Whole Love》는 이러한 깨달음의 양극단에서 시작되고 끝난다고도 말할 수 있을 것 같습니다. 이 자리에서 수록곡들의 정서 변화에 대해 자세히 설명하지는 않겠지만, 오프닝 트랙 〈Art of Almost〉부터 마지막 트랙 〈One Sunday Morning〉까지의 변화는 제가 전하고자 하는 이야기에 대한 좋은 예시가 아닐까 싶습니다. 이 첫 곡과 마지막 곡의 녹음 및 편곡 스타일은 이보다 더 상반될 수 없을 정도로 서로 다른데, 저는 두 곡의 작업 과정이 지금 보아도 무척 흥미롭게 느껴집니다.

사실 저 두 노래는 정확히 같은 곳에서 시작되었습니다. 두 곡 모두 세 개 혹은 네 개의 단순한 코드로 이루어진 포크송이지요. 앨범을 만드는 과정에서 갖게 된 생각은, 첫 트랙 〈Art of Almost〉에 적용한 맥시멀리즘적인 편곡 방식을 다른 모든 트랙에도 적용한다면 제가 만든 단순한 곡들이 살아남지 못할 거라는 점이었습니다. 이것은 제가 오랜 시간 시행착오를 거치며 깨닫게 된 교훈이자 정말로 소중한 교훈입니다. 본인이 쉽게 창작해 냈다고 해서 그 결과물을 과소평가하지 마세요. 때로는 자기에게 쉬운 일이 다른 누군가에게는 지극히 어려운 일일 수 있으며, 그런 일은 오히려 애쓸수록 더 불가능에 가까워지기도 하니까요.

저는 이렇게 말하고 싶습니다. 가끔 우리는 행복감을 느낄 때 오히려 스스로 멈춰 서곤 합니다. 무언가에 애착을 느낀다는 것은 그로 인해 불편해질 수도 있다는 뜻이지요. 우리는 사랑하는 대상을 잃을까 봐 불안해서 멈춰 서기도 합니다. 어쩌면 여러분은 노래를 만들다가 그 노래와 사랑에 빠진 건지도 모릅니다. 그러고서 '노래가 좋지 않으면 어떡하지?'라든가 '내가 이 노래의 가능성을 깨닫지 못한 거라면?'과 같은 생각에 마음이 약해지는 거죠. 심리학에서는 이를 두고 '건강하지 못한 애착'이라고 부르던가요? 어쩌면 여러분은 무언가를 반짝하고 느끼기 시작한 순간, 뒤로 물러났을 수도 있습니다. 그 순간 여러분은 자기가 만든 그 노래에서 자신을 발견하고는 마치 사랑처럼 느껴

    **22 벽에 부딪친 기분이 든다면**

지는 연결감을 감지했을 수도 있고요. 그러고는 '이 노래
도 나를 사랑해 줄까?' 하며 걱정을 하는 것이죠.

　노래는 그냥 노래 그 자체로 놓아두세요. 노래가 스스로
되고 싶은 것, 되어야 하는 것이 되도록 놓아두는 겁니다.
노래는 언제나 우리를 사랑해 주겠지만, 가끔은 조금 거리
를 두어야 할 필요도 있을 테니까요.

# 23

# 꼭 좋은 작품이어야 할까?

이쯤이면 여러분의 머릿속에, 디지털 녹음기에, 노트에, 그 어디에라도 노래 하나가 만들어져 있을까요? 그렇다면 좋겠습니다. 그런데, 그 노래는 좋은가요?

이 질문은 분명 중요합니다. 우리는 무언가를 잘하고 싶다는 바람과 자신의 노력을 인정받고자 하는 욕망을 바탕으로 삶을 꾸려가지요. 그런 점에서 여러분이 만든 곡이 좋은지 아닌지가 중요하지 않다고 말할 생각은 전혀 없습니다. 하지만 이 말은 꼭 하고 싶군요. 여러분이 만든 예술을 판단하는 일은 창작 행위 그 자체보다 결코 중요할 수 없다고요.

만일 여러분이 원하는 게 오직 '좋은' 노래만을 만드는 거라면, 그것은 꽤나 힘든 과제가 될 겁니다. 제가 재차 강조하고 싶은 것이 이겁니다. 일을 훌륭하게 해내지 못하더라도 크게 개의치 않는 법을 알아야 합니다. 노래를 잘 부르지 못해도, 곡이 별로여도, 기타 연주가 서툴러도요. 그러지 않으면 절대로 '좋은' 상태에 다다르지 못할 테니까요. '좋은' 상태에 다다르려면 '안 좋은' 상태를 연거푸 겪으면서도 괜찮아질 줄 알아야 하니까요.

그러니 못 만든 노래, 못 쓴 시, 못 그린 그림 등등 그 결과물이 어떤 형태의 예술이든 우리는 창작 행위 자체에서 즐거움을 찾으려고 노력해야 합니다. 우리는 스스로를 계속 감시하는 자아로부터, 비판하는 뇌로부터 잠시 벗어날 필요가 있습니다. 그런 비판적 자아가 실은 우리의 감정이 상처받지 않게 하려고 생겨난 거라 하더라도 말예요. 어렸을 적 우리 모두는 그런 자아를 가지고 있지 않았습니다. 특정 나이가 되기 전까지는 우리에게 그런 능력이 없었죠. 물론 저는 어째서 우리가 자신을 보호해야 하는지, 우리

주변을 경계하는 뇌세포를 갖추는 것이 생존에 어떤 진화적 이점을 제공하는지에 대해선 조금 알고 있습니다. 하지만 그것은 우리 삶의 질과 관련해서는 그다지 도움 되는 부분이 없지요.

우리는 나이가 들며 많은 것을 잃습니다. 저마다 품고 있던 특별하고도 자유로운 상상력과 욕망을 아주 능숙하게 무시해 버릴 줄 알게 되죠. 이런 변화는 아마도 우리가 세상과 분리되어 있다는 사실을 깨닫는 순간부터 시작되는 것인지도 모르겠습니다. 나를 둘러싼 모든 것이 나의 일부가 아니라는 사실, '타자'가 존재한다는 사실, 모든 것이 나만을 위한 것은 아니며 다른 사람이 나보다 더 큰 욕망을 가질 수도 있다는 사실을 알게 되면서 말이지요. 한편으로는 분별력이나 의심을 통해서도 그런 깨달음이 시작될 수 있을 겁니다. 누구를 친구로 선택할지 파악한다거나, 타인의 생각에 의구심을 가지게 되면서요.

언제부터, 그리고 어찌하여 우리가 경이로운 순수함을 잃고서 스스르에 대한 가혹하고도 자의식적인 심판자가 되고야 마는지에 관해 저는 잘 모릅니다. 다만 제가 아는 것은 아이들이야말로 언제나 어른보다 더 나은 예술가이

     **23 꼭 좋은 작품이어야 할까?**

며 창의력 또한 더 뛰어나다는 사실입니다. 어린아이들과 바닥에 앉아 색칠을 하다 보면 상상력이 요동을 칩니다. 영감이 샘솟는 거죠. 아이들에게 지금 무슨 그림을 그리고 있는지 얘기해 달라고 부탁해 보세요. 놀라운 이야기를 듣게 될 겁니다. 저는 딱 이 정도의 예술적 해방을 우리 자신에게 바라는 것이 욕심이라고 생각하지 않습니다. 저 아이들이 가진 잠재력을 우리도 여전히 갖고 있다고 생각하거든요.

제 첫 번째 책에서 쓴 내용이지만 다시 한번 이 이야기를 해야겠네요. 대략 16년 전 제가 정신 병원에 입원해 있을 때 어느 예술 치료 수업에서 목격한 일입니다. 그날 저는, 앞에서 말한 그 어린아이와도 같은 초능력이 다시 효력을 발휘하여 정신 운동 장애 환자였던 한 여성을 완전히 탈바꿈시킨 광경을 눈앞에서 지켜보았습니다. 저는 요즘도 그때 그 사건을 거의 매일 떠올리곤 합니다.

30여 년을 시설과 길거리에서 보낸 어느 60대 헤로인 중독자도 기억이 납니다. 그는 그룹 치료 세션에서는 물론이고 흡연실에서조차 입을 열지 않던 사람이었습니다. 그런데 미술 치료 수업에서 그가 간단한 자화상을 그렸고(엄

청 훌륭한 그림은 아니었지만 분명 자신을 닮은 그림이었습니다),
그것을 다른 사람들이 볼 수 있도록 들었을 때 처음으로
그의 목소리가 흘러나왔습니다. 그는 마지막으로 연필을
잡은 때가 언제였는지 기억도 나지 않는다고 말했습니다.
그러고는 웃었고, 울었어요. 모두가 박수를 치며 그를 안
아주기 위해 모여들었습니다. 존재하지 않던 무언가를 새
롭게 만들어낼 능력이 본인에게 있다는 사실을 알게 될
때, 그럴 때 그 사람의 눈빛이 밝아지고 인간다워지는 모
습을 보는 일은 무척이나 놀랍고도 치유에 가까운 경험이
었습니다.

무에서 유를 창조해 내는 것은 사실상 신의 능력에 가까
운 일이지요. 얼마나 놀라운 능력인가요? 눈을 감고서 파
란색을 상상해 보세요. 아니면 어떤 소리를 머릿속에 그려
보세요. 방금 여러분이 한 것은 무엇인가요? 바로 창작입
니다. 그것은 다른 누군가가 만들어낼 소리와는 다른 소리
입니다. 우리는 상상력이라는 것을 다른 이의 것과 비교해
서 평가하곤 하지만, 그런 짓은 재능을 낭비하는 일일 뿐
입니다.

저는 제가 만드는 모든 노래를 좋아하지는 않습니다. 하

   **23 꼭 좋은 작품이어야 할까?**

지만 제가 그 노래들을 만들었다는 사실은 좋아합니다. 그리고 이제는 알죠. 다섯 곡쯤을 쓰면 그중 한 곡 정도는 내게 큰 의미가 있는 곡이 되리라는 것을요. 그 한 곡은 나머지 네 곡을 쓰지 않았다면 탄생하지 않았을 겁니다. 그곳까지 가보는 연습을 하지 않았다면 그런 일은 일어나지 않았을 테고요. 그곳은 어디였을까요? 어쩌면 우리가 바닥에 앉아 색칠을 했던 곳과 아주 가까운 장소는 아니었을까요?

# 24 노래를 노래로 만드는 것

드디어 마지막입니다. 지금까지 노래를 만들었으니, 이제는 무엇을 하면 좋을까요? 음성 메모나 데모 단계를 넘어 연주를 하고 녹음을 해야 할까요? 반드시 그래야 하는 건 아닙니다.

우선 '노래'라는 것을 '스스로 만들고 부르고 연주하는 것'이라고 정의해 볼까요. 저의 제안은 다음과 같습니다. 본인이 아닌 다른 사람에게 최소 한 번은 여러분의 노래를 들려주세요. 그 노래를 큰 소리로 부르면서 곡이 전하는 미세한 유대감과 감동을 느껴보세요. 되도록이면 여러분이 사랑하는 사람에게 들려주는 것이 더 좋겠지요. 저는 제 어머니에게 노래를 들려드리곤 했습니다. 하지만 누구라도 좋아요. 클럽에서 간혹 제공하는 오픈 마이크에 참여해 볼 수도 있겠고, 반려동물도 관객이 될 수 있을 겁니다. 중요한 건 여러분 자신이 아닌 존재여야 한다는 점이죠.

이 말은 여러분의 노래가 다른 사람의 의식 속에서 실현되어야만 존재할 수 있다는 얘기가 아닙니다. 저는 노래를 노래로 완성시키는 것은 결국 그것이 불렸을 때의 감정이라고 생각합니다. 노래를 부르다가 중간에 포기할 수도 있고, 여러분의 노래를 상대방이 잘 이해하지 못하겠다는 생각이 들면 가사를 바꿔 부를 수도 있을 겁니다. 모든 노래는 듣는 이와의 교감을 위해 어느 정도의 노력이 필요한 법이니까요.

노래는 간청입니다. 손을 뻗고, 끌어당기고, 밀어내고, 들여다보는 일. 그렇게 연결을 꿈꾸고 연결되는 일. 그것이 노래입니다. 그러한 연결이 얼마나 필요한지는 저마다 다르겠지만, 여러분은 지금껏 시간을 들여 노래를 만들기 위해 노력했습니다. 이 단순하고 명확한 진실의 무게를 여

러분의 어깨 위에 살포시 얹어보았으면 좋겠습니다. 여러

분이 해낸 일이 무엇인지 더 잘 이해할 수 있도록요.

  **24  노래를 노록로 만드는 것**

**감사의 말**

이 책을 쓸 수 있게 도와준 저의 처남 대니 밀러에게 고마움을 전합니다. 높은 식견과 꾸준한 지지를 건네준 톰 시크와 마크 그린버그에게도 감사를 전합니다. 조시 그라이어, 크리스털 마이어스, 던 넵, 브랜디 브로는 제 일상과 업무를 잘 조절할 수 있게 해주었습니다. 모든 것이 의미 있다고 느끼게 해주는 사랑하는 가족과, 제가 책을 쓸 수 있다고 꾀어 그것을 입증까지 한 질 슈워츠먼에게 깊이 감사합니다.

그리고 지금껏 많은 것을 배우고 영감을 얻게 해준 모든 송라이터들과 아티스트들에게 무한한 감사를 표하고 싶습니다. 당신들의 작품이 없었으면 제 작품도 없었을 겁니다. 저 역시 당신들이 피운 그 불씨를 계속 지피기 위해 제가 할 수 있는 모든 것을 하며 살아가겠습니다. 저를 보며 걷고 있는 또 다른 이들을 떠올리면서요.

옮긴이 김지혜

미국 버클리음악대학에서 프로페셔널 뮤직을 전공했다. 한국외국어대학교 영어통번역학과를 졸업하고, 이화여자대학교 외국어교육특수대학원에서 TESOL을 전공했다. 영상번역가로 활동하며 수백 편의 미드·영화·다큐멘터리 등을 번역했고 현재는 바른번역 소속 전문 번역가로 활동 중이다. 역서로는 《음악의 시대》《내 생에 한 번은 피아노 연주하기》《남극으로 걸어간 산책자》《빵은 인생과 같다고들 하지》《눈치》 등이 있다.

한 곡 쓰기의 기술      How to Write One Song

---

| | | | |
|---|---|---|---|
| 지은이 | 제프 트위디 | 발행처 | 카라칼 |
| 옮긴이 | 김지혜 | 출판 등록 | 제2019-000004호 |
| | | 이메일 | listen@caracalpress.com |
| 초판 1쇄 | 2025년 5월 26일 | 웹사이트 | caracalpress.com |
| | | | |
| 편집 | 김리슨 | Printed in Seoul, South Korea. | |
| 디자인 | 핑구르르 | ISBN 979-11-91775-10-5 03670 | |

---